Cartas a Mi Amiga
MALTRATADA

David Hormachea

Editorial Betania

Betania es un sello de Editorial Caribe,
una división de Thomas Nelson, Inc.

© 1999 Editorial Caribe
P.O. Box 141000
Nashville, TN 37214-1000
E-Mail: editorial@editorialcaribe.com
www.caribebetania.com

ISBN: 0-88113-545-3

Reservados todos los derechos.
Prohibida la reproducción total o parcial
de esta obra sin la debida autorización
de los editores.

Impreso en EE.UU.
Printed in U.S.A.

3ª Impresión

AGRADECIMIENTOS

A MI PADRE CELESTIAL, EL DIOS QUE POR AMOR HA ACTUADO CON JUSTICIA. (Me da lo que merezco. Sufro las consecuencias de mis errores y pecados. Por eso evito al máximo el pecado.) HA ACTUADO CON MISERICORDIA. (No me da todo lo que merezco, pero no me ha dejado de perdonar a pesar de mis constantes fallas. Por eso tengo esperanza.) HA ACTUADO CON GRACIA. (Me da lo que no merezco: sus bendiciones, su protección, su cuidado, y su salvación. Por eso me siento seguro.)

A mi asistente María Elena por sus muchas horas de trabajo al transcribir mis «eternos» dictados y demostrar en su propia vivencia que hay buenos resultados al actuar con justicia, misericordia y gracia.

A mi padre que está en la presencia de Dios y a mi madre, que por la misericordia de Dios aún me acompaña con sus oraciones y ternura, porque nunca abusó de mí y porque me trató y enseñó a actuar con justicia, misericordia y gracia.

A miles de mujeres que a través de mis consejos han entendido el verdadero amor y han encontrado la libertad al actuar con justicia, misericordia y gracia y a las miles que por medio de estas páginas lo aprenderán.

CONTENIDO

CONTENIDO

INTRODUCCIÓN

DECLARACIÓN DE MIS SENTIMIENTOS E INTENCIÓN

En mis años de consejero nunca he sentido más enojo e impotencia que al aconsejar a las mujeres víctimas del abuso. Pero al escribir este libro no me mueve el odio, y mucho menos el ataque a las personas que pudieran estar involucradas en estos actos. Quiero que sea un golpe mortal a la violencia y su destierro del hogar de las personas que están sufriendo el abuso, de las que se sienten maltratadas y con esperanza buscan un amigo. Si usted es una de estas personas, al adquirir este libro solo le falta una cosa más para que seamos amigos. Que le dé importancia a mis consejos y me haga conocer su desacuerdo. Después de todo, para eso están los amigos. Ellos nos dicen la verdad aunque nos duela, nos apoyan cuando lo necesitamos y nos dan y tienen confianza. Yo estoy dispuesto a ser su amigo, y si usted es una persona maltratada esta es mi carta para usted.

El maltrato es una de las experiencias más dolorosas de las relaciones humanas. Aunque en diferentes grados, todos sabemos lo que se siente al ser maltratado porque las experiencias son variadas. Existe maltrato en los lugares de trabajo, entre los amigos, en la sociedad, y tristemente, aun en la familia.

El maltrato destruye nuestra autoestima y nos puede llenar de amargura y resentimiento. Cuando esta pareja llega a su vida usted está en serio peligro. Estas hermanas gemelas destruyen la vida de todo individuo. En ocasiones, sume a algunos en la más terrible tristeza y los motiva a aislarse y a vivir atemorizados. Lamiendo sus heridas en la soledad esperan que pasen los días de su aflicción. Con el inmenso temor de volver a ser maltratadas, algunas personas evitan la amistad e incluso las relaciones amorosas o el matrimonio. Sus heridas son demasiado grandes y sus temores les inhiben.

En otras ocasiones estas astutas gemelas se encargan de motivar a las personas para buscar venganza. Trabajan con astucia en los enojos, preparan la llegada de la ira, incitan al odio y entregan las armas precisas para que la venganza utilice sus mejores armas destructivas. A veces un lenguaje profano y denigrante, a veces la manipulación y tristemente, a veces la violencia.

En este libro me limitaré a buscar una relación de empatía con mis lectores. He recibido cientos de cartas. Algunos relatos son tan dolorosos que merecen mi atención urgente y, tan grotescos que no merecen aparecer en estas páginas. Las críticas más duras que he recibido con respecto a mis conferencias o programas de radio paradójicamente han venido también de mujeres.

Ningún hombre ha tenido la valentía de hablar cara a cara conmigo. Ninguno me ha escrito. Algunos han hablado con miembros de mi corporación. «Las conferencias incitan a las mujeres a rebelarse y esto puede crear una escala de divorcios, pues los hombres no se dejarán dominar». Parece una frase de un gran defensor de la familia y de la permanencia en la relación matrimonial. Pero no se engañe. Mis conferencias no promueven la rebelión ni el feminismo. Mis enseñanzas promueven la confrontación sabia y el desenmascaramiento del machismo. En mis libros y conferencias animo y motivo a la práctica del amor que incluye justicia, misericordia y gracia, y nunca dejaré de hacerlo. El amor perfecto de Dios, y no el amor imperfecto enseñado por la sociedad, es el que vale la pena imitar. Él sí nos ama y es así como nosotros debiéramos amar. En su misericordia, Dios no nos da lo que merecemos. Nos perdona cuando fallamos, nos comprende, nos da nuevas oportunidades y nos levanta cuando caemos. En su justicia nos da lo que merecemos. No merecemos destrucción por nuestras faltas y pecados pero merecemos instrucción. No merecemos gritos ni insultos, pero merecemos exhortación y represión. No merecemos golpes ni heridas, pero merecemos disciplina. No merecemos que Él nos ignore y nos trate con indiferencia, pero merecemos experimentar las consecuencias. Eso es justicia.

En su gracia Dios nos da lo que no merecemos. Merecemos terribles consecuencias, pero Él permite solo algunas para que aprendamos que no paga bien el hacer mal. Merecemos destrucción, pero en su amor y gracia nos da salvación.

Tristemente muchas mujeres maltratadas se encuentran indefensas y desconocen sus derechos y obligaciones. Otras, como producto del lavado de cerebro de los abusadores y las enseñanzas erróneas recibidas, están perpetuando su propio abuso. Algunas se han unido a las críticas de hombres machistas por su concepto erróneo sobre humildad, sumisión y autoridad. Ellas creen que la confrontación es un acto de rebelión y desconocen que el buen trato permanente en respuesta al abuso, y la paciencia en respuesta a la violencia, son virtudes cristianas promovidas por Jesucristo. Estas personas no han observado la vida del Señor Jesucristo, quien cuando fue necesario confrontó, exhortó, perdonó, castigó, y dejó que sufrieran las consecuencias. Pero nunca promovió la violencia y cuando pudo condenarla utilizó su sabiduría para no permitirla. Esa es una vida de equilibrio digna de ser imitada.

Intento que usted al leer los testimonios de quienes sufren o han sufrido violencia, se identifique con el dolor y la angustia que experimentan. Intento que entienda que no está sola. Que existen miles de mujeres maltratadas y solo unas pocas que están confrontando el problema con sabiduría.

En otro libro dedicaré tiempo para investigar lo que Dios piensa de la violencia y el abuso, las razones de su presencia y daré consejos para la sanidad de quienes han sido objeto de ellas. En este libro tengo en mente tres objetivos: Que usted se identifique con otras personas, que tenga herramientas para evaluar su propia situación y que conozca el camino que le conducirá a una salida digna.

PRIMERA PARTE:

Para mis amigas maltratadas conocidas

En esta parte de mi libro compartiré algunas líneas de las muchas cartas que he recibido, así como algunas de mis respuestas a las innumerables preguntas de mujeres que se comunicaron conmigo por carta o telefónicamente, como resultado de algunos programas de radio y televisión que preparé sobre el tema de la violencia familiar. Ellas son mis amigas maltratadas conocidas. Comunicaré mis ideas de la forma que se las transmití a las personas afectadas. Mi propósito es que usted como lector, hombre o mujer, se identifique con esas experiencias y reciba mis consejos por medio de una aplicación práctica.

Entre las muchas respuestas que he dado a las preguntas de quienes no han sabido cómo manejar su situación, se encuentran algunas que relato a continuación:

> Tu carta llegó justo en el momento en que movido por el inmenso dolor de muchas mujeres que me escriben contándome el mundo de violencia que les rodea, decidí poner por escrito algunas pautas con el propósito de ayudarles. Estoy convencido de que estas líneas, no solo servirán para otorgar respuestas claras y convincentes, sino que brindarán esperanza a muchas mujeres que como tú están siendo maltratadas. Tu carta no es la única. Ella es parte de un gran archivo que de vez en cuando abro para refrescar mi memoria. Es que cuando veo el rostro lleno de ternura y belleza de muchas mujeres que asisten a mis conferencias, tiendo a olvidarme de que algunas de ellas esconden su dolor y angustia tras una espesa capa de maquillaje y una sonrisa que no tiene la intención de mostrar hipocresía, sino una buena imagen pública de simpatía.

Tu carta, querida amiga, es una más de las que recibo de mujeres de diferentes clases sociales y culturas. Te digo la verdad, si pudiera exprimir esas cartas, no dudo que sacaría de ellas muchas lágrimas.

No he experimentado la violencia pero la entiendo

Si alguien se atreve a pensar que en la comodidad de mi oficina y debido a lo hermoso de mi relación con mi extensa familia y lo saludable de mi vida conyugal, me es imposible comprender el dolor en que te encuentras, está equivocado. He estudiado bastante el tema y he escuchado suficientes testimonios como para poder imaginarme los cuadros de dolor que actualmente son parte de tu existencia. Me duele tu sufrimiento, a pesar de que solo puedo imaginarme lo que tú experimentas. Imagino tus lágrimas deslizándose lentamente por tus mejillas mientras escribías tu carta. No sé si la escribiste con parte de tu corazón, pero te aseguro que mi respuesta va con parte del mío. Te prometo no dejarte sola. Te prometo que aunque miles de kilómetros nos separen, mis sugerencias estarán frente a ti en cada paso que crea que debes tomar.

La familia donde existe violencia no es una familia saludable

Tu relación conyugal está enferma. Mejor dicho, está en agonía pues no es saludable la familia en la que existe la violencia. Violencia y familia deberían ser términos que jamás se encontraran, pero lamentablemente hoy en muchos hogares estos se incluyen como parte cotidiana de los mismos. Ximena vive a miles de kilómetros de distancia del país en el que tú te encuentras. Sin embargo, ustedes tienen algo en común. Sus esposos no reconocen la dignidad que ustedes tienen. Ximena es obligada a tener relaciones sexuales aunque no sienta deseos y en formas que ella rechaza. Hace ocho días se resistió porque estaba enferma. Fue tan vilmente humillada que por primera vez en quince años huyó de su humilde hogar. Me escribió desde la casa de su prima en donde encontró un pequeño refugio.

Nadie está libre de actuar con violencia

Cuando un matrimonio quiere presentar a sus hijos ante la comunidad con la que nos reunimos y buscar la bendición de Dios sobre la vida de ellos, solicito a los padres que se reúnan conmigo. En esa sesión de asesoramiento les enseño que deben hacer tres compromisos delante de Dios, de mí como su consejero y delante de la comunidad de amor a la que pertenecen. Estos son los compromisos que deben realizar:

- Me comprometo delante de Dios y de estos testigos a enseñar a mis hijos los más altos valores bíblicos y morales no solo con palabras, sino con mi ejemplo.

- Me comprometo delante de Dios y de estos testigos a recibir instrucción mediante materiales y conferencias que me enseñen a ser padre y madre de este niño.

- Me comprometo delante de Dios y de estos testigos a hacer todo mi esfuerzo para nunca abusar física, emocional o verbalmente de mis hijos, ni permitir que mi cónyuge u otra persona abuse de ellos.

Al enseñarles acerca del compromiso que contraerán, algunas personas me han preguntado porqué me atrevo a mencionar el abuso cuando eso no pasa ni por su mente. Mi respuesta es sencilla. Miles de personas que se casaron profundamente enamorados nunca pensaron que la violencia les acompañaría en su viaje por la vida matrimonial. Pero después de unos años están sufriendo por ella. Así también muchos padres ni se imaginan que algún día esa pequeña criatura que llegó para alegrar su vida, pudiera ser objeto del castigo destructor.

Debo confesarte algo. Me entristece y me indigna saber que quien juró delante de Dios, amarte y protegerte, haya incluido la violencia en su concepto de liderazgo. Sin embargo, debo ser sincero y reconocer que todo hombre es un abusador potencial. Cuando recuerdo mis propios errores cometidos en el pasado en mi relación matrimonial, tengo que admitir que todo hombre es capaz de actuar erróneamente.

Cuando nos casamos, mi esposa tenía diecisiete años y yo veintiuno. En Chile, mi país de origen, nos dicen «poliomielitis» pues atacamos en la infancia. Por supuesto, estaba muy lejos de ser maduro, aunque definitivamente lo creía. Recién casados, en medio de una discusión con mi esposa, levanté la mano para intimidarla. Vengo de un hogar donde no existía la violencia. Mis padres fueron amorosos y respetuosos, sin embargo, me salió lo macho. En ese tiempo ambos usábamos *zuecos*. Eran zapatos de madera sin cordones. Nancy, mi adolescente esposa, se sacó el zueco y me dio zapatazos por todos lados. Nunca más me quedaron ganas de levantar la mano. De ninguna manera estoy justificando la violencia. Solo quiero reconocer que aun sin tenerla como trasfondo, todos somos abusadores potenciales. En algún momento podemos reaccionar inapropiadamente, pero el rechazo enérgico a los intentos de intimidación pueden frenarnos en el momento oportuno.

Es cierto que no todos somos motivados a actuar con violencia, pero te aseguro que todos, en mayor o en menor medida cometemos serios errores motivados por nuestro *machismo*.

Cuál es la meta de este proceso

Gracias por confiar en mí. Me alegra que me hayas elegido para abrir tu corazón y buscar ayuda. No quiero que lo hagas solamente para ser escuchada y para compartir tu dolor; quiero que decidas hacer lo más importante; quiero que determines poner en práctica mis consejos, pues mi único propósito es que encuentres solución al conflicto que te aqueja. Querida, si tú colaboras y estás decidida a encontrar solución a tus conflictos, te aseguro que lo lograremos. Con este propósito, tengo que describirte la realidad y no una panacea. En muchas ocasiones, la solución que imaginamos no es la que finalmente alcanzamos, pero te garantizo que Dios tiene la respuesta a tus conflictos y que siempre será la mejor para ti. Quiero prevenirte a fin de que no pienses que la solución que necesitas es que ocurra lo que esperas. Tal vez sea muy diferente, pero es la solución, te lo aseguro.

La meta que tengo en mente es que tengas paz. Mi anhelo es que tengas la oportunidad de alcanzar la realización en tu vida y que la lleves con la dignidad y el respeto que mereces. Mi meta es que tu inocente hijo no aprenda a imitar el ejemplo de su padre. No quiero que él piense que la vida se tiene que manejar con violencia. La meta que debes tener en mente es que se terminen tus noches de terror y que quien dice amarte no tenga nunca más la oportunidad de maltratarte. Puede que él nunca deje de utilizar la violencia y que esté convencido de que tú estás equivocada, pero quiero que nunca más permitas que él alcance su objetivo. Quiero que dejes de ser el blanco de sus agresiones. Yo te puedo asegurar que con tu determinación, mi consejo y la dirección divina, lograremos nuestro propósito. Lo que no puedo predecirte es cuál será tu estado civil después del proceso para evitar la violencia. Por supuesto, no quisiera que fuera necesario evitarla por medio de la separación y prefiero que tengamos la oportunidad de que ocurra lo ideal, es decir, la anhelada transformación de tu marido, pero recuerda que no siempre ocurre lo que imaginamos.

Cuidado con los extremos pues dos males no producen un bien

Los extremismos son malos. Las virtudes llevadas a los extremos se convierten en defectos. La virtud del descanso llevada al extremo es vagancia. La virtud de la buena comida llevada al extremo es gula. Cuidado con los extremismos. Quisiera prevenirte de dos extremos muy peligrosos que generalmente inundan la mente de muchas mujeres las que, como tú, son fieles creyentes en Dios y desean hacer lo mejor. Por favor, no te engañes pensando que Dios va a hacer lo que a ti te corresponde. Para eso no tengo otro nombre que *conformismo*. Cruzarse de brazos y esperar a que exista una solución sobrenatural es erróneo. No quiero que actúes como muchas personas que han tomado una actitud muy cómoda y, evitando sus responsabilidades, claman a Dios para que les libere de algo en lo que ellas mismas se han metido, y no hacen nada para salir de esa situación destructiva. Nuestro deber es confrontar los problemas con sabiduría.

Tampoco quiero que pienses que Dios quiere tu sufrimiento permanente y que, por lo tanto, debes aceptarlo y humillarte. Para eso no tengo otro nombre que *fatalismo*. Tú tienes un libre albedrío, la capacidad de elegir entre el bien y el mal. El sufrimiento provocado por los ataques de un ser insensible pertenece al mal de este mundo. No lo aceptes.

Tampoco quiero que interpretes mal mis palabras. Evita irte al otro extremo. No quiero que, ni por un minuto, llegues a creer que tú puedes hacer lo que a Dios le corresponde. Los milagros pertenecen a Dios. Que alguien cambie sin pasar por un proceso de asesoramiento, es un milagro. Una persona que por largos años se ha convertido en un abusador y que repentinamente cambie su actitud en un giro de ciento ochenta grados es un milagro y tú no puedes realizar milagros. Tú no puedes cambiar a ninguna persona. Si tú no puedes cambiar a nadie y solo Dios puede hacer milagros, entonces debes dejar de manipular a tu esposo para que cambie. Solo Dios, soberanamente o por medio de un consejero, puede iniciar el proceso de transformación de una mente violenta y sin dominio propio. Lo que sí está en tus manos es el exigir que él busque la ayuda necesaria.

Del sueño a la realidad

Comprendo la confusión en que te encuentras. Lo que ocurrió es que llegó el momento en que te diste cuenta de la triste realidad. Ahora, tienes pruebas y estás absolutamente convencida de que tu príncipe azul tiene partes muy oscuras. Sin embargo, si eres sincera, tú sabes que este comportamiento hostil y agresivo no se inició recientemente. Claramente me lo afirmas en tu carta cuando dices:

> Yo creo que todo comenzó hace años, cuando aún estábamos recién casados, pues a la semana ya se portó violento. No me golpeó, pero me cogió de los brazos y me tiró a la cama...

Te aseguro que si siguieras investigando, te trasladarías hasta antes de tu noche de bodas. Tal vez ya en la temporada de noviazgo había muestras de esta inclinación a la violencia. Muchas de las mujeres que me escriben pueden remontarse fácilmente a su época de enamorados y describir pequeños incidentes que indicaban que el amor de su vida tenía tendencia a reaccionar agresivamente.

Cristina me comunicó con mucho dolor que todo comenzó antes del matrimonio. Su novio se negó a esperar hasta después de la boda para tener relaciones sexuales. Ella recuerda que motivado por la incontrolable excitación y después de diversos encuentros inundados de caricias, su novio demostró la ausencia de dominio propio. Su príncipe encantado insistió con pasión y luego con acciones agresivas para quitarle la inocencia por medio de un acto que no fue de amor, sino de insensibilidad, de falta de respeto y de inclemencia. Para ella, era el inicio de un largo viaje de intimidación y de violencia. Junto a la confundida Cristina he iniciado el camino de la confrontación y no por extraña coincidencia llega tu carta con relatos dolorosos que a viva voz claman por guía y dirección. En este triste y traumático viaje en que te encuentras no eres la única. Son muchas las mujeres que silenciosa y estoicamente soportan el dolor. Para ti y para ellas van mis palabras de esperanza.

Beatriz me cuenta con detalles escalofriantes los terrores que todavía acompañan su relación conyugal. Sus relatos hacen parecer que ella fuera una mujer sin estima ni respeto por sí misma. Ella ha sido por tres años golpeada, violada, insultada y denigrada. Después de un largo relato, que más bien parece la trama de una película de terror, me indicaba que solo quería la respuesta a una pregunta que es muy común. Con las pocas fuerzas que le quedaban, según lo demostraba su temblorosa voz, preguntaba con temor: «¿Y ahora qué hago con este dolor?»

Un poema para quienes sufren

Esa pregunta la he escuchado muchas veces. Estas cartas y relatos me han obligado a estudiar el tema con seriedad. He investigado, he escrito, he pedido a Dios sabiduría e incluso he escrito poesías pensando en estas terribles experiencias. Es que el dolor de nuestros semejantes, aun a quien no es poeta, le mueve a realizar una gran denuncia matizada de esperanza y dedicada a quien convive con el dolor. Precisamente pensando en tantas preguntas recibidas escribí este sencillo poema que capta el dolor del corazón de un alma herida:

Si la vida tiene vida, ¿por qué yo estoy en la muerte?
Si todos somos iguales, ¿por qué es esta mi suerte?

Es la decepción que inunda mi riguroso camino
y yo no sé si exista otro con diferente destino.

Yo fui como tú, querida, mi alma sintió la ilusión.
Yo soy como tú, querida, pues hoy tengo desilusión.
No nací para el desprecio, ni soporto la violencia;
ella convive conmigo; duele mucho su presencia.

Si el matrimonio es amor, ¿por qué existe este trato?
Si el matrimonio es amor, ¿por qué existe el
    maltrato?
o no tengo las respuestas, ni pretendo encontrarlas.
Es nuestra la obligación. Hay que saber confrontarla.

He decidido que sí puedo salir de este terrible abuso.
o debo ser un juguete que se gasta y se rompe con el
    uso.
Con amor, determinación y fuerza buscaré sabio
    consejo,
que hoy me permita iniciar este viaje de regreso.

Si Dios me creó a su imagen, ¡puedo vivir
    dignamente!
Si Dios me creó a su imagen, ¡puedo vivir
    sabiamente!

Orientación para quienes se encuentran en la confusión

Sé que para ti como para miles de mujeres en tu condición el
camino es confuso e incierto. Les prometo que me encargaré de
que puedan tener orientación y guía que les permita saber de dónde
vienen, por dónde van y hacia dónde deben dirigirse. Me preguntas
con aire de rebelión por qué te sientes tan terriblemente confundida. Cómo no has de sentirte así si no encuentras la salida. ¿Te parece poco lo que estás experimentando? Es dolorosa esa terrible decepción pues quien ha prometido respeto y cariño y una relación
«hasta que la muerte los separe», ha invitado a la destructiva seño-
ra violencia para que les acompañe en el resto del camino. Si estás

confundida es porque estás realmente en un momento de confusión. La tan indeseable compañía de la villana violencia siempre promueve que existan constantes ataques a tu carácter. La presión es cada vez mayor en tu vida. La confusión aumenta cuando la presión nos intimida, no importa si estamos en un sendero o en una avenida.

Los fuertes barrotes de una jaula terrible

El primer propósito al escribirte fue ayudarte a salir de la terrible etapa de negación en la que te encuentras. No estoy seguro si ya estás saliendo de ese esclavizante período y quisiera saberlo. Para ayudarte a evaluar tu situación me gustaría que por algunos momentos pensaras en Rosalía. Ella se encuentra atrapada en esta etapa en que niega aun la realidad que experimenta. Deseo que la situación de Rosalía y su relato, que por momentos parece increíble, te ayude a conocer si ya saliste de esos peligrosos momentos. Considera la confusión de Rosalía:

Querido David, el programa de radio ha despertado en mí algunas inquietudes, por eso decidí escribirte. La verdad es que estoy confundida. Nunca en mi vida había sentido tal pasión por un hombre como la que siento por mi marido. Siempre, los pocos hombres con quienes traté de iniciar una relación romántica, no me tomaban en serio y eran poco cariñosos. Finalmente encontré a Ricardo que se apasionó por mí. Existió como una electricidad desde que nos conocimos. Me demostraba que tenía interés en todo lo que yo hacía; a tal punto que me sentí contenta de que alguien se pusiera celoso por mí. Ultimamente, después de once meses de casados, he notado que es muy posesivo. Bueno, de alguna manera yo también lo soy. No sé si es porque nos amamos demasiado, pero ya han sido tres las ocasiones que le ha costado trabajo controlar su enojo. Digo tres ocasiones en las que ha estado tan apasionado, que me ha empujado en medio de una discusión. La última vez me prometió que nunca más ocurriría y creo que no lo hará; pero lo que me tiene preocupada, y es la razón de mi carta, es que a pesar de la rudeza de la discusión que tengamos, prácticamente me obliga a hacer el amor con él. Incluso ha sido brusco. Aunque siempre pienso que lo que hace es parte de su pasión...

Si examinas estas líneas con sabiduría, te darás cuenta de que Rosalía está negando una lamentable realidad: Rosalía convive con un hombre abusador. Que ella lo niegue no es extraño. Muchas de las relaciones conyugales no saludables se han iniciado en medio de gran pasión o como resultado del deseo de uno de los dos de huir de la triste realidad de su vida de solteros.

Rosalía cree que vive un romance. Por supuesto que a todos nos encanta el romance. Este nos hace vivir experiencias inolvidables, pero cuando aquellas emociones que experimentamos nos hacen ignorar la realidad, lamentablemente son muy perjudiciales. No solo es una fantasía querer sentir permanentemente esa emoción romántica, sino que viven una fantasía quienes por la pasión que experimentan son movidos a negar una triste realidad. Rosalía niega la realidad al creer que como parte de su pasión un esposo puede obligar a su esposa a hacer el amor. Quien cree que alguien que actúa bruscamente pero es apasionado no merece ser confrontado, está perpetuando el abuso.

El esposo de Rosalía tiene serios problemas y no puede controlar su temperamento. Negar esa realidad es lo que hacen muchas mujeres que se encuentran en una situación como la tuya. Tristemente algunas siguen permitiendo ese comportamiento a pesar de que saben que no es saludable para su vida emocional. Es cierto que todos necesitamos tiempo para poder vernos los unos a los otros en forma realista. En toda relación conyugal necesitamos tiempo para reconocer y aceptar, no solo nuestras virtudes, sino también nuestros defectos. Muchas mujeres no pueden aceptar tan fácilmente que aquel hombre apasionado y galante que tiene a su lado pueda tener algún defecto. Es cierto que debemos aprender a aceptarnos tal como somos; pero cuidado, eso significa que debemos aceptar a la otra persona, mas no las acciones erróneas que destruyen la relación conyugal.

Querida amiga, recuerda esta verdad. Es un terrible error enfocarnos en lo que la otra persona nos hace sentir, en vez de enfocarnos en lo que la persona es realmente.

Rosalía depende todavía de esa relación emocional. Ella no ha podido seguir el proceso normal de descubrir la verdad acerca del hombre con quien se casó. Todavía está extasiada por la pasión y no ha recorrido el camino suficiente en su relación conyugal como para identificar el error. Poco a poco irá descubriendo, como lo has hecho tú, que su esposo tiene cualidades y defectos que van a afectar su vida. Ella debe entender que es su opción permitir que el roce y la cercanía con un ser que piensa, actúa y tiene valores diferentes a los suyos, la afecte positiva o negativamente. Pero se requiere tiempo para aprender a identificar las cosas que son más perjudiciales. Es muy difícil aprender a identificar esas pequeñas muestras de comportamientos erróneos que anticipan el mal que se aproxima. También se requiere tiempo para desarrollar la confianza, la honestidad y la apertura que son indispensables para expresar libremente los sentimientos y para desarrollar una relación conyugal sólida.

No nos gusta que nos despierten del sueño maravilloso

Debo aceptar que existen personas que no están capacitadas para aceptar su realidad, y consciente o inconscientemente, ignoran todo aquello que no encaja en su panorama romántico. Rosalía es una de esas mujeres que está permitiendo que se prepare el terreno para una relación conyugal de abuso. Para Mónica, la violencia es su compañera. Ella está atrapada, puede verse en su carta:

> Siempre trato de demostrarle cariño, ternura, amor sano, pero él siempre lo toma por otro lado. Siempre piensa en el sexo. Me ha tenido muy traumatizada por eso ... Cuando no he querido tener relaciones íntimas con él, por dolor, por falta de fuerzas, por asco hacia el sexo debido a todo lo que he pasado, he preferido ignorarlo ... Cuando me he negado, no me ha dejado dormir. Se levanta, me insulta, prende las luces y golpea las puertas sin importarle despertar a nuestra hija y asustarla. Me pega nalgadas, me quita la ropa cuando estoy dormida, me hala de mis piernas...

Aunque parezca increíble que un esposo realice estos actos de violencia con la persona que dice querer, sabes bien que es un relato real, porque tú has vivido una realidad similar.

Mi querida amiga, aunque tu historia sea diferente, incluye los mismos ingredientes: Existe violencia, maltrato, falta de respeto, desprecio y eres tratada como si fueras un ser inferior.

Mención de un gran descubrimiento

Mónica ha encontrado esperanza. Ella descubrió algo que para muchos de nosotros es tan sencillo y elemental. Como ella existen muchas mujeres que necesitan descubrir que lo que están permitiendo nunca deberían permitirlo. Ella lo expresa de la siguiente manera: «Yo pensaba que en el matrimonio tenía que permitir que mi esposo me hiciera de todo. Recién descubrí que no es así».

Mónica relata que después de escuchar algunos programas de radio sobre violencia en la familia, encontró un pequeño destello de esperanza. Ella dice: «Desde hace mucho tiempo pensaba en escribirle para contarle mi situación y recibir su consejo, pero creyendo que usted me daría la misma respuesta que he recibido de tantas personas, me demoré en hacerlo. Estos dos programas de radio que grabé son mi vida...»

En esos programas sobre cómo salir de la violencia familiar ella encontró un camino. Ahora sabe que es posible salir, y aunque no es sencillo, es necesario recorrer ese complicado sendero.

El virus de la violencia familiar no llega súbitamente

Amiga, nadie llegó allí donde te encuentras de la noche a la mañana. Cuando uno estudia la situación que viven mujeres como tú, llega a una conclusión fácil: Nada ha ocurrido súbitamente. Todas las mujeres que actualmente están experimentando cierto grado de abuso, serán testigos del empeoramiento de su situación a menos que ellas mismas decidan confrontar el asunto. Pero para hacerlo necesitan que alguien les quite la venda. Eso es lo que intento en esta carta. Las frases que más escucho de personas que han vivido estas experiencias son algunas como las siguientes:

No sé cómo pude estar tan ciega, esto comenzó hace mucho tiempo.

Siempre cerraba mis ojos y tenía la esperanza de que algún día sería diferente.

Siempre me convence de que todo será diferente y le creo, pero después de unos meses o aun semanas, volvemos a lo mismo.

Ahora me doy cuenta de que cada vez que esto ocurría, era yo la que escogía no ponerle la atención que debía.

Una buena explicación de la racionalización

Tu carta me sorprendió pues por primera vez no estás justificando las acciones erróneas de tu marido. Dices:

Me convenciste de que en realidad mi marido es un abusador, no tengo como negarlo pues él se encarga de confirmarlo cada día. Eso es lo que su padre le enseñó, actualmente hasta abusa de mi suegra. Mi esposo fue criado en ese ambiente y no creo que se pueda salir de él.

Aparentemente ya no estás completamente sumergida en la etapa en que se niega la triste realidad. Me alegra que ya no trates de ignorar lo que está ocurriendo. Sin embargo, mientras más leo tus cartas, más noto que en tu mente aún existen excusas y por momentos hasta has justificado las acciones de tu cónyuge. Lo que ha ocurrido es que te has dejado dominar por tus emociones. Has dejado de lado la razón y no has entendido que tu esposo tiene un serio problema con la ira. Por largo tiempo has estado racionalizando respecto a su comportamiento. Racionalizar es encontrar razones plausibles a su actitud pero que a su vez no son más que justificaciones inapropiadas a su mal comportamiento. Es lo que hacemos cuando tratamos de acallar las indicaciones de que existe algo erróneo, solo porque estas interfieren con nuestros sentimientos. Es una forma de hacer aceptable lo inaceptable. La verdad es que no eres la única pues todos tenemos la tendencia a hacerlo.

Hay que ser mansos pero nunca mensos

Algunas mujeres están confundidas. Su actitud de humildad y respeto se ha transformado en una actitud servil. Dicen amar y se olvidan de que el amor no debe hacer ni permitir lo malo. Estoy de acuerdo contigo en que existen oportunidades en que necesitamos ser comprensivos y aceptar que la persona a quien amamos está viviendo una temporada difícil. Hay momentos en los que debemos entender que algo que está provocando una gran cantidad de estrés ha motivado al cónyuge a reaccionar inadecuadamente. Eso debemos comprenderlo cuando proviene de un cónyuge amante y respetuoso que acostumbra a tratar con respeto y que ocasionalmente se equivoca. Es apropiado comprender una reacción errónea cuando quien la ha cometido asume la respectiva responsabilidad. Incluso, en determinados momentos, es bueno que nos sintamos culpables si hemos provocado una reacción inadecuada de nuestro cónyuge porque no fuimos sabios en el manejo de un asunto. Esos sentimientos son parte de una relación conyugal saludable. Lo que no es saludable es que mientras más frecuentemente ocurren los abusos, más lista esté la mujer a justificar lo malo, solo porque no se siente capaz de confrontarlos.

Pasión desenfrenada no es amor apasionado

Justificar la obligación de realizar un acto sexual, por creer que eso es parte de la pasión de su cónyuge es erróneo. Recuerda lo que me escribió Rosalía: «Incluso ha sido brusco. Aunque siempre pienso que lo que hace es parte de su pasión». La pasión que ignore los sentimientos de la otra persona y pasa por encima de sus deseos es el fuego abrazador que sale de un corazón egoísta. El esposo no pensaba en como amar, agradar y satisfacer a su amada, solo pensaba como satisfacer su pasión ardiente aunque hiriera a su esposa y la dejara lastimada. Las pasiones deben ser controladas no solo por las consecuencias personales sino por el daño que causamos a otras personas.

En mi caminar como consejero he escuchado a muchas mujeres que creen que han actuado sabiamente y motivadas por el amor cuando en realidad han abierto las puertas para el desamor. Virginia me dijo en una sesión de asesoramiento: «Mi esposo se divorció anteriormente porque su esposa no lo entendía». Con esa y otras declaraciones Virginia hacía gala de su comprensión con su marido. Me relató que a diferencia de la ex esposa de su marido, ella sí era comprensiva. Cada vez que su esposo tenía conflictos en la oficina y llegaba alterado ella debía dejarlo solo. En ocasiones prefirió irse a casa de su madre, aun llevando a sus hijos, en horas en que ellos debían estar durmiendo. Ella estaba convencida de que lo que hacía era un acto de sumisión digno de ser reconocido.

Virginia cometía el terrible error que cometen muchas mujeres. Hacen suya la responsabilidad de los actos de violencia ocurridos en su hogar y provocados por sus maridos. Entristecida me contaba que en algunas ocasiones, cuando su esposo la había empujado violentamente después de una discusión, ella rechazó la violencia y no abandonó el hogar para ir a la casa de su madre. Pero también se sentía culpable por no haberse callado, haber evitado el problema y por no haberle dado la oportunidad de manifestar su enojo. Ella decía: «Si yo hubiera salido como lo hice en las otras ocasiones, nada hubiera ocurrido».

Me alegra que tú estés saliendo de esa etapa. Ninguna mujer debe justificar las acciones erróneas de un hombre, solo porque es su esposo. Ninguna mujer debe aceptar la violencia de su esposo, solo porque están casados. ¿Por qué tendría que aceptar la violencia que proviene de su esposo si ella la rechazaría si viniera de otro hombre?

Si tú no eliges lo correcto, alguien puede elegir por ti lo incorrecto

Estela, vas por buen camino. Sigue adelante amiga mía. Tú amas a tu esposo pero rechazas su agresividad. Ese es un gran paso para salir de la violencia. Estás dando y demostrando en forma práctica tu amor al no permitir lo malo. Me alegra porque has avanzado. Quieres perdonar a tu esposo, pero no quieres que el abuso continúe. Aceptas su autoridad, pero no su autoritarismo. Aceptas seguir viviendo con tu esposo, pero no con el que aun teniendo el título de esposo se comporta como el peor enemigo. Aceptas que ambos deben tener parte en los conflictos del matrimonio, pero nunca debes aceptar que los conflictos matrimoniales justifiquen la violencia, pues esta nunca los resuelve, más bien los agranda. Tú has tomado la decisión correcta. Tu carta me animó pues con convicción dices: «Estoy dispuesta a seguir sus consejos hasta las últimas consecuencias».

Raquel, lamento tu decisión de seguir esperando. «Dios algún día se compadecerá de mí», fue tu terrible respuesta. Creo que hasta Dios está** triste por tu decisión de entregarle a Él una responsabilidad que es solamente tuya. Esperar y esperar es perpetuar el abuso. Ya llevas años en ese mismo sendero. ¿Cuándo te decidirás a abandonarlo? Has entregado el control de tu vida a quien dice amarte pero realmente te odia. Quisiera que aprendas esta lección: Si tú no decides por ti misma, alguien decidirá por ti. Todo en la vida requiere de decisiones, si tú no decides, la decisión de tu compañero te llevará hacia donde él quiera.

El ex-presidente de los Estados Unidos Ronald Reagan tenía una tía que lo quería mucho. Un día ella decidió regalarle a «Ronny» unas hermosas botas. Fue donde el zapatero del pueblo y le pagó por anticipado dejando a su sobrino la responsabilidad de ir para que le tomaran las medidas. Ronny dejó pasar los días y postergó su visita. Su tía en varias ocasiones le recordó su responsabilidad de ir al taller del zapatero. Incluso el propio zapatero al encontrarse con Ronny en algunas oportunidades en la calle le dijo que le estaba esperando para cumplir el encargo de la tía. Finalmente, en su último encuentro el zapatero le dijo: «Ronny, quiero que vayas a recoger tus botas pues están listas». Movido por la curiosidad Ronald Reagan fue hasta el taller y solicitó que le entregaran las botas. El zapatero se acercó, se las entregó y lo observó mientras el muchacho se las probaba. Con sorpresa Ronny descubrió que una bota tenía una punta cuadrada y la otra redonda. Con asombro miró al zapatero quien ya tenía la respuesta a flor de labios: «Ronny, aprende esta lección. Si tú no tomas tus decisiones, alguien las tomará por ti». El ex-presidente Reagan demostró en su ejercicio de la presidencia que había aprendido una de las más hermosas lecciones que los seres humanos debemos aprender. Querida, tú eres responsable de decidir lo bueno que quieres. Si no lo haces y te juntas con alguien que no te ama, el decidirá aun lo malo que no quieres.

Disyuntiva: ¿Silencio o denuncia?

Frente a ti tienes una gran disyuntiva. Puedes callarte y perpetuar el abuso o denunciarlo con sabiduría, confrontarlo con energía y terminar con él.

Norma, gracias por tu carta. Me alegra que hayas vencido tu idea errónea. Mis consejos te convencieron de que estabas errada. Me dijiste: «Nadie se va a interesar en mi problema». Comprendo que fue difícil tomar la decisión de escribirme, pero como bien dices: «Al fin me he dado cuenta que debo hacerlo». No es una tarea fácil la que has emprendido, pero es la única que traerá los resultados que necesitas para el bienestar de tu vida.

Comprendo perfectamente cuál ha sido y seguirá siendo tu lucha. No es fácil vivir al lado de alguien que cuida su imagen pública y que es respetado por todos, y que como bien sabes, no merece recibir ese respeto. Sé que por momentos te preocupaste y no quisiste dañar la imagen de tu marido. Eso impidió que tomaras acción. Pero no fue el único impedimento. En otros momentos también lo que viste en tus padres te presionó a la aceptación de esa conducta errónea. Es que tu hogar no fue muy distinto. La forma en que fuiste criada marcó tu vida y ese criterio erróneo en el que creciste junto a los también equivocados conceptos de sumisión, te dejaron encerrada en un mundo de falsa esperanza que te prometía que, algún día, la pesadilla terminaría. Me alegra que te hayas dado cuenta del peligro ahora que eres joven, porque aún estás a tiempo. Me alegra haberte convencido de que esta no es una de esas pesadillas que te hacen sudar frío y despertar llorando, pero que después puedes olvidar. Me alegro que te hayas dado cuenta de que esta es tu propia realidad y que solo puedes olvidarla mientras duermes, cuando puedes dormir; pero cuando despiertas y vuelves a tu realidad, te llenas nuevamente de ansiedad, porque tu vida es un mundo de violencia.

Ahora quiero que pienses que vamos por buen camino. Tú has decidido enfrentar esa realidad y cambiar tu destino. Si estás lista yo también. Y Dios está listo hace tiempo, querida amiga, pues Él rechaza la violencia venga de donde venga y te ayudará a confrontarla.

Cuando luchamos con sabiduría por lo justo, somos justos y sabios

Al fin me escribes las palabras que tanto he esperado. Dices bien, querida, que este es el tiempo adecuado para denunciar a tu marido porque no quieres que «las cosas lleguen a ser mayores». Tú ya estás denunciándolo y así se tiene que actuar. Menciono la palabra *denuncia* porque estás consultando a un consejero competente en la materia. Estás recurriendo a una autoridad y has reconocido que alguien está cometiendo una falta en contra de tu integridad. Eso es precisamente una denuncia. Que nadie te convenza de que estás actuando erróneamente o que Dios no aprueba tu denuncia. Creo, querida, que estás procediendo cristianamente. Debías haberlo hecho mucho antes porque nadie debe permitir que alguien rompa las leyes. La violencia doméstica está penada por la ley y tú no debes ser cómplice de la destrucción de tu familia. Has hecho bien al notificarme tu dolor. No solo has hecho bien porque te has dirigido a un consejero, sino porque estás buscando resolver el asunto dentro de los límites del diálogo, antes de tomar cualquiera otra acción que incluya a una autoridad civil. Con esta forma de proceder estás actuando como Dios quiere que actúes. Mis palabras de apoyo y mis elogios por tu decisión.

Cuando el temor paraliza

Entiendo que tuviste razón para guardar silencio por algún tiempo. Comprendo que en parte lo hiciste por temor. Así lo comunicas cuando me escribes: «El miedo siguió creciendo más y más». El temor tenía que seguir aumentando mientras más violencia experimentabas. El temor llega cuando nos sentimos impotentes frente a una situación o cuando somos amenazados y la integridad propia o la de nuestros seres queridos está en peligro. Esa es tu realidad y no puedes ocultarla. Obviamente te sientes impotente porque has sido amenazada constantemente. Esas son razones suficientes como para estar llena de temor. Todas tus libertades han sido coartadas. Sabes que la relación va de mal en peor pues con dolor dices:

«Antes, al menos le podía decir que no a algunas cosas que me disgustaban, pero ahora, la situación se ha puesto muy difícil. Ahora no puedo decir nada, ni siquiera por las buenas. Todo provoca una actitud hostil y violenta».

Quien anhela la libertad es porque está oprimido

Lo más hermoso en la vida es la libertad. Eso es lo que tu corazón anhela. He llegado a conocerte lo suficiente como para darme cuenta de que no deseas libertinaje, deseas tener libertad de expresarte y quieres hacerte sentir. Has sido ignorada. Han reprimido tus sentimientos y por eso dices: «Me siento como un pájaro enjaulado». Es que te han ido anulando paulatinamente. Pero cuidado, este proceso no lo detendrá tu esposo, ni se detendrá por sí solo. Eres tú quien debe recibir el consejo sabio y profesional y las energías suficientes para ponerle fin a este trato anormal. Por lo tanto, sigue adelante con tu decisión. Hay que hacer lo correcto sin importar las consecuencias.

Querida amiga, por tu bienestar espiritual, físico y emocional y por el bienestar de tu hijo, no mantengas el silencio y prosigue con tu denuncia. Cuando lo haces, después de intentar todos los medios que estuvieron a tu alcance, estás actuando como una mujer cristiana con dignidad y con derechos. Nadie debe permitir lo malo, mucho menos una mujer cristiana. Además, con tus acciones estás entregando a tu marido el mensaje más fuerte que nadie más puede entregarle. Le estás diciendo: «No aceptaré ser parte de una relación conyugal que incluya la violencia como medio de comunicar poder o de conseguir cosas». Al enfrentar el problema proclamas que no aceptas la violencia como medio de comunicación. Estás diciendo claramente: «No acepto convivir con un tirano, no quiero que mi hijo sea criado en medio de la violencia. No cambiaré mi servicio en el hogar y terribles noches de sexo matrimonial, por dinero para el sustento de mi familia. Ese dinero lo recibo mezclado con golpes para mantenerme subyugada. Rechazo ser una mujer dominada por el temor y la intimidación, rechazo ser una esclava aunque deseo ser respetuosa y me opongo a ser tratada como basura, cuando soy un vaso frágil y de alta estima a los ojos de mi Creador». De paso te digo que ese el mensaje que todo joven y señorita debería comunicar antes de casarse. Creo que todos deberían de tomar la determinación de nunca aceptar la violencia y frenarla tan pronto saque sus terribles garras, bien sea en la vida conyugal o en la época de noviazgo.

La violencia no se enfrenta con violencia

Tengo para ti otra palabra de advertencia, querida amiga. Para comunicar estas verdades y para rechazar la violencia, aunque aceptes a tu marido como persona que merece respeto, nunca uses la misma actitud. La violencia no acaba con la violencia. Es muy fácil dejarse dominar por los deseos de venganza. Que otro decida transgredir los principios divinos y tú seas la víctima de esa transgresión, no te da el derecho de responder violentamente. Tus justos deseos de impedir lo inapropiado no te otorgan el derecho de atacar ni tampoco de ignorar los sucesos. Solo debes confrontarlos con sabiduría, con mucha fuerza de voluntad y aun con cierta vehemencia. Sin embargo, tanto la violencia para contraatacar e impedir la violencia en la vida conyugal, como el permitir la violencia sin confrontarla, son dos de los actos de irresponsabilidad más lamentables y no quiero que tú los cometas.

Sigue firme y camina hacia adelante. Sigue en este camino nuevo con seguridad y confianza, tomando acciones fundamentadas en el amor que perdona, pero también corrige y disciplina. Sigue tomando decisiones sabias que te permitan amar a quien a pecado, pero que también te guían a rechazar el pecado y te prometo que no te dejaré sola en este viaje hacia un futuro mejor que podrás disfrutar. Pero hay que actuar con sabiduría y buscar todo lo que contribuya para el bienestar, no solo tuyo, sino de tu querido hijo, e incluso para tu cónyuge que por estar actuando erróneamente necesita de alguien que le demuestre con acciones y palabras que no aceptará nunca lo malo. Debes buscar el bienestar integral de quien con amor elegiste para compartir toda tu vida y que, por razones desconocidas, ha equivocado el camino del amor. Por supuesto que quien te maltrata también necesita amor, pero no un amor ciego que acepte el abuso y la violencia como elementos integrantes de una relación conyugal. El necesita de ese amor que corrige, que disciplina, que no acepta un comportamiento autodestructivo o destructivo hacia los seres que dice amar. Lo que él necesita es ser confrontado con palabras y acciones sabias, para que tenga la esperanza de salir del camino violento por el que actualmente viaja.

Decisión: ¿Aceptación, transformación o confrontación?

Llegamos al momento en que tienes frente a ti tres alternativas. No te equivoques. No existe nada peor que andar por el camino equivocado.

Espero que después de haber leído mi carta anterior hayas recibido confirmación de que en algunos aspectos estás haciendo lo correcto. Solo quiero recordarte que todas mis indicaciones anteriores corresponden nada más que al primer paso. El inicio no es el final, es solo un paso para conseguir tu objetivo. Quedarse ahí, sin realmente confrontar el asunto con acciones firmes, solo te llevará a la frustración. Además, puedes pensar que perdiste tu tiempo. Al no obtener la respuesta esperada, perderás la esperanza y creerás que todo tu esfuerzo por sacar a la luz tu sufrimiento fue absolutamente infructífero. Pero debes recordar que no logran su objetivo quienes se quedan en el inicio o a mitad del camino. No quiero que caigas en el error que cometen muchas mujeres que creen que el dar a conocer su dolor y el sentirse escuchadas es todo lo que necesitan para salir del conflicto. Eso es imposible. Salir de una relación enferma requiere mucho sacrificio, pero tendrás tu recompensa. Debo advertirte que te espera un fuerte trabajo y determinaciones más grandes de las que necesitaste para buscar ayuda. Sin embargo, te recuerdo que después de tu acción anterior, nunca más estarás sola. Tienes a alguien en quien confiar y tienes a alguien cuyos consejos y sugerencias están motivados por un amor genuino y otorgados por quien tiene la capacidad de enseñarte cómo salir de la jaula en que te encuentras atrapada.

Y ahora, ¿qué?

En este punto del camino hacia la libertad del abuso y mientras más te animo a no quedarte en el paso inicial, las preguntas que más te harás serán las siguientes: ¿Y ahora, qué? ¿Qué debo hacer ahora? ¿Cuál es el camino que debo seguir? Estas y otras preguntas inundan nuestros pensamientos cuando nos encontramos frente a varias disyuntivas. En el pasado, al estar cegada por tu dolor, por la confusión y por la desesperanza, caminaste en medio de la pesada niebla que inundaba tu relación conyugal. No podías ver, caminabas como un autómata, eras un robot manejado por alguien que tenía el control remoto en su mano. Tenías que seguir sus órdenes y en los pocos momentos en que decidiste tomar acciones por ti misma, te envolvió la niebla de la mala formación, el *smog* de la confusión y tus ojos se nublaron producto de los mareos del temor que generaba la violencia. Caminaste, pero a tientas y sin saber adónde ir. Tu opción era seguir adelante aunque no vieras lo que te rodeaba y sin saber hacia dónde te llevaba el sendero por el cual avanzabas. Pero hoy que el temor ya no te domina aunque todavía existe; ahora que sabes que la violencia puede ser evitada aunque todavía te amenace; hoy, querida amiga, estás capacitada para ver dónde te encuentras.

Mucho cuidado pues ha llegado el momento en el que tienes más de una opción. Te anticipo que estás frente a una de las más grandes encrucijadas de la vida. Has llegado al punto que el diccionario define simplemente como un lugar en que se cruzan dos o más caminos en distintas direcciones. Ahí te encuentras tú, frente a una encrucijada. Este es el momento en que debes elegir entre algunas alternativas y, por fin, has encontrado un mapa que te dará directrices para hallar el camino hacia una vida normal.

Encrucijadas: Momentos cruciales de determinaciones vitales

Querida amiga, antes de que inicies el caminar por este nuevo sendero te recuerdo que nada en la vida es más complicado que las encrucijadas. Estas demandan decisiones que cambian la vida y no es fácil tomar esas decisiones. ¿No es cierto, amiga, que somos cómodos? ¿No es cierto que tendemos a permanecer en el mismo *estatus*, a pesar de que no sea nada agradable? Pero todo ser humano se encuentra en algún momento frente a una encrucijada. Tú no eres la excepción. Algunas de estas encrucijadas podemos planificarlas; nos emocionan y hasta tienen un toque de ternura que descubrimos mientras más nos acercamos a ellas. Por ejemplo, elegir entre algunas opciones para determinar nuestra profesión; escoger entre algunas personas para decidir quién será nuestro cónyuge, etc. Estos momentos decisivos tienen un cierto aire de misterio y son emocionantes.

Existen encrucijadas simples y sencillas, nada intrigantes; pero existen algunas a las cuales llegamos de forma inesperada y que se presentan difíciles y complicadas. Para algunas disyuntivas estamos preparados; para otras, nunca tenemos la suficiente preparación ni el conocimiento. Sé dónde te encuentras, querida amiga, y sé que no será fácil tomar esta decisión tan trascendente. Debes decidir entre la aceptación, la transformación o la confrontación del abusador.

Unos versos sencillos sobre una determinación complicada

Lee con atención mis palabras que llevan un poco de rima pues hay ocasiones en que estas verdades se graban más cuando se comunican con frases poéticas. Pensando en la encrucijada en que te encuentras he escrito los siguientes versos:

Caminar no es nada fácil cuando el camino es tan
duro,
pero es mucho más complicado cuando además, se
encuentra oscuro.
Yo no sé en dónde te encuentras, querida amiga, en
este instante;
pero ahora que iniciaste el proceso hay que seguir
adelante.

Yo sé que ahora te encuentras frente a una gran
encrucijada

y no es fácil elegir cuando te has sentido totalmente
anulada.
Es difícil elegir correctamente cuando tenemos
muchas opciones.
Pero es más necesario que nunca que tomes sabias
decisiones.

La aceptación del comportamiento erróneo poco a
poco te destruirá.
La intención de transformación de tu agresor siempre
a ti te frustrará.
Solo la confrontación sabia te ayudará a vivir en paz
y libertad.
Y quiero que me entiendas que no es de otro, sino
tuya la responsabilidad.

Te he escrito con cariño. He compartido una
enseñanza.
Te digo una y mil veces que de vivir en paz aún
tienes esperanza.
Tú sí eres una mujer digna. Aunque no te lo hayan
dicho eres de gran valor.
Tal vez no ante tu marido, pero sí ante tu Dios que
es tu gran Creador.

Recuerda que frente a ti hoy existen tres opciones o
tres caminos.
Actúa sabiamente pues de aquel que ahora tú elijas,
dependerá tu destino.
Piensa en que Dios te apoya y actúa con dignidad y
prudencia.
Decide que, a cualquier costo, con fuerza y dignidad
confrontarás la violencia.

Querida amiga, sé que has vivido días tenebrosos, pero no tienes ninguna obligación de seguir permitiéndolos. Has tratado de
distintas maneras de lograr que tu compañero cambie y lo único

que has conseguido es salir afectada por su resistencia y violencia. Eres tú la que está saliendo cada vez más afectada. Martín Lutero dijo: «La necedad es una de aquellas raras enfermedades que no afecta tanto al que la tiene, como a los que le rodean». No te sorprendas de que tu cónyuge no se sienta afectado y que piense que sus acciones son normales. Por supuesto que ese comportamiento puede parecer como normal solo a una mente que necesita ayuda y dirección. La violencia no solo es algo destructivo, sino condenado por los principios divinos.

Esperar un futuro diferente sin hacer cambios en el presente = necedad

Quiero que entiendas este mensaje importante: Tu presente es producto de las decisiones que tomaste en el pasado y tu futuro dependerá de las decisiones que tomes en el presente. Piensa en esto al decidir por cuál camino vas a seguir ahora que te encuentras en esta encrucijada: De la misma forma que no has logrado evitar las acciones violentas del pasado y, que en el presente solo sientes que tu temor ha aumentado, tampoco podrás evitar estas agresiones en el futuro si decides permanecer en ese mismo camino. Piensa en esta gran verdad: La preocupación seria que me has comunicado no se debe a que el abuso esté disminuyendo, sino que ahora es mucho más temerario. Ya no solo recibes empujones como al principio de tu relación conyugal, ahora has sido tratada de una forma mucho más violenta. Te recuerdo lo que me escribiste por si lo has olvidado: «Empezó a golpearme y a empujarme fuera de la casa, diciéndome que me fuera ... me mandó afuera a patadas...» Amiga mía, te sacaron de tu humilde casa, te sacaron de lo tuyo. Te golpearon como quien castiga a un despreciable animal, sin que hayas hecho mal alguno. Y aunque te hubieras equivocado en algo, no merecías ningún castigo.

Tu pregunta es oportuna cuando dices: «¿Qué hago para protegerme? Yo no sé que más puedo hacer». Así me expresas tu continuo temor a los terribles actos de violencia. Debido a que no sé que más puedo esperar de alguien que te ha tratado con tal insensibilidad, tengo que decidirme a protegerte. No puedo permitir que te sigan maltratando. No estoy cerca de ti físicamente ni he sido testigo de los actos de desprecio que has sufrido, pero si estuviera creo que intentaría defenderte. Estando lejos me veo obligado a aconsejarte sabiamente que es la mejor defensa que puedes utilizar. Con mi consejo me involucraré hasta las últimas consecuencias para evitarte un futuro destructivo. Pero te aseguro que no podrás evitar el aumento de la violencia en el futuro, a menos que tomes acciones serias y definitivas en el presente.

Alguien dijo: «Es una insensatez esperar un futuro diferente sin hacer cambios en el presente». Estoy absolutamente de acuerdo con esa declaración. Es necesario cambiar el presente para poder esperar un futuro diferente. Querida amiga, recuerda esto, tu relación interpersonal no cambiará automáticamente, pues tener un futuro diferente depende de los cambios que hagas en el presente. Frente a ti se encuentra una encrucijada de tres caminos. Les llamaré: el camino de la aceptación, el camino de la transformación y el camino de la confrontación. Debes elegir solo uno de ellos y no quiero que lo hagas sin antes tener una clara descripción del paisaje que les rodea, de los desafíos que encontrarás y de las consecuencias que tiene el seguir cada uno de ellos.

El sutil error de la aceptación

El camino de la aceptación incluye alguno de los ingredientes que ya has vivido. Aceptar es recibir voluntariamente lo que a uno se le da u ofrece. Sin importar la motivación que tuviste, voluntariamente, poco a poco, fuiste aceptando un comportamiento erróneo. Tu esposo ha llegado con sus actos de abuso, hasta donde tú le has permitido. Recuerda que por momentos ni siquiera supiste quién era el culpable. Más bien, tomaste una responsabilidad que no te pertenecía. Así me lo comunicaste cuando dijiste: «Siempre me sentía culpable de lo que había pasado». Me lo confirmas una vez más cuando repites: «Siempre termino pidiéndole perdón». ¿Has pedido perdón? ¿Por qué, amiga mía? ¿Porque tú fallaste y él estaba en lo correcto?

Caminas por el camino de la aceptación cuando después de uno de estos episodios de violencia, te arrodillas delante del Dios que te ama y en tu oración, llorando le dices: «Señor, sé que tengo que portarme mejor y él no volverá a tratarme así». ¿Realmente piensas que es tu culpa? ¿Crees que tu comportamiento merecía un trato así? Permíteme decirte que estabas equivocada. En esa oración solo aceptabas una culpa que no tienes. ¿Continuarás aceptando lo erróneo?

Aceptar es una de las opciones que tienes frente a ti. Significa que aunque te duela y te asuste la violencia, seguirás sin tomar las medidas necesarias para salir del ciclo destructivo en que te han encerrado. Aceptar es decidir seguir viviendo en medio de la violencia porque la religión, la cultura, la sociedad o el ejemplo de tus padres te han incitado a creer que tienes la obligación de aguantarla, que no tienes alternativa, que esta es parte de la vida matrimonial y dado que tiene lugar en muchos hogares es digna de ser aceptada.

Sé que no ha sido fácil el camino y que tus ideas erróneas te han llevado a la confusión. La incertidumbre te ha llevado a elegir caminos equivocados y a aceptar cosas que no debías. Es posible que hayas aceptado seguir viviendo en esa situación porque crees que así mantendrás la unidad familiar. Prefieres permanecer junto a quien te maltrata creyendo que será beneficioso para tus hijos, pero estás equivocada. No solo te perjudicas a ti misma, sino que haces un mal a tu hijo y aun al abusador por no confrontarlo con sabiduría.

Te advertí que tuvieras cuidado con tus sentimientos. Sé que has vivido episodios en los que has notado que tu marido ha estado arrepentido y que tu corazón se ha inundado de una falsa esperanza. Digo falsa y tú entiendes por qué lo digo. Es falsa porque has comprobado, una vez tras otra, que él ha regresado a la violencia y que el arrepentimiento no ha sido sino *remordimiento*. Por supuesto que él no se ha arrepentido; él solo ha experimentado pesar por haber realizado una mala acción.

Seguir conviviendo con la violencia sin tomar acciones para eliminarla, es aceptar la situación y decidir aguantar el maltrato. Intentar ignorar lo que ocurre o «abandonarte a tu suerte» es lo que siempre espera quien abusa. Él está acostumbrado a esa reacción tuya. Eso es lo que él siempre ha visto y por eso la espera. Sabe que no importa lo que haga, te conmoverás cuando él finja arrepentimiento. Te garantizo que si sigues viviendo junto a la violencia y permitiendo la falta de respeto, los únicos cambios que existirán serán para empeorar tu situación y para introducirte en experiencias de violencia más graves que las experimentadas hasta el momento.

No enfrentar la violencia significa que cada día serás más dependiente de quien, minuto a minuto, tiene más poder sobre tu vida. Cada instante que pasa, permites que el ofensor gane un terreno que, en ocasiones, es irrecuperable. Mientras más tiempo vivas bajo el abuso, menos fuerzas tendrás para salir de él. Mientras más años pasen y aceptes vivir bajo el mismo sistema destructivo, tus temores se incrementarán y más paralizada te sentirás. Tal vez vendrán más hijos porque muchas mujeres creen que la llegada de un nuevo bebé puede cambiar al abusador. Pero lo único que logran es adquirir más responsabilidades, experimentar más pérdida de su autoestima y ser mucho más dependiente de las circunstancias. Todas esas responsabilidades se convertirán en cadenas que te atarán más y más y te dejarán mucho más indefensa.

Alicia decidió quedar embarazada para ver si su marido dejaba de maltratarla. Creyó que la llegada de un hijo cambiaría su situación. Estaba en lo cierto. Su situación cambió, pero para empeorar. Ahora no solo la maltrata a ella sino también al hijo. Ahora no solo tiene que pensar en cómo mantenerse ella si decide separarse, sino cómo mantener a su hijo y con quién dejarlo para poder trabajar.

Quien permite la violencia, la perpetúa

No permitas que el tiempo siga sus pasos inexorablemente. La violencia y el maltrato afectan integralmente a la persona. Si eres una mujer que trabaja, mientras más violencia experimentes, más inefectiva serás en la labor que desempeñes. Poco a poco, sentirás que ya no tienes fuerzas para seguir trabajando. Si no trabajas, mientras más años pasen, no solo tendrás menos experiencia laboral, sino que también disminuirán las posibilidades de encontrar un trabajo que te permita sostener a tu familia. Tendrás más años y menos fuerzas, más necesidades y menos dinero, más obligaciones y menos opciones. Los tentáculos del pulpo del abuso te paralizarán progresivamente y no te darás cuenta de cuándo te quedaste sin fuerzas, preparación, ni ganas de emprender nuevos desafíos.

Lentamente te irás convirtiendo en una dependiente absoluta en distintos aspectos y, poco a poco, tu vida será paralizada por la decepción, pues te habrás metido en un camino que tiene un triste final.

Querida amiga, la aceptación es capitulación o rendición, nunca es una solución.

La falsa esperanza de la transformación

Tu segunda opción es creer en la transformación automática de quien está viviendo erróneamente. Si eliges una vez más esperar por la transformación del abusador solo tu rostro será cada vez más transformado por la violencia que experimentas. Por favor escúchame. Tu marido no puede cambiar por sí solo. Me dices que él ha tratado y tú has admirado sus esfuerzos. Eso con mayor razón certifica que él no puede lograr el cambio, ni tú tampoco.

Remordimiento no es lo mismo que arrepentimiento

Es posible que tu esposo no te maltrate todos los días y hasta demuestre que, por momentos, el remordimiento lo consume. Eso te ha llevado a pensar en la posibilidad de un cambio. No quieres perder la esperanza y te aferras tanto a esos momentos posteriores al maltrato cuando se ha mostrado tan dolido, que llegas a pensar que es imposible que vuelva a comportarse así. Te recuerdo que a pesar de sus dramáticas actuaciones, nunca ha existido arrepentimiento. Para que haya un verdadero arrepentimiento no solo deben existir el remordimiento y el dolor por la vileza del acto cometido además de reconocer su mal proceder, sino que también debe confesar su falta y, lo que es más importante, debe producirse el cambio de actitud respectivo. Este cambio es la certificación de que ha existido un verdadero arrepentimiento. Es el sello que hace que el cambio sea considerado legítimo. Quien está genuinamente arrepentido debe abandonar todas las acciones que provocaron el dolor en el ser querido. Quien está en el proceso de arrepentirse, comienza paulatinamente a darse cuenta de cómo sus errores y sus malas actuaciones están contribuyendo a la destrucción de alguien que debe ser amado. Al mismo tiempo, debes recordar que este proceso es casi imposible que un abusador lo inicie por sí solo. La ayuda de un consejero es indispensable.

Querida amiga, aunque me dices que «se notaba más arrepentido que nunca», no has comprobado que tu esposo esté realmente arrepentido. Lo has visto adolorido por el estado físico y emocional en que te ha dejado. Lo has visto atemorizado porque no quiere perder a la mujer que le sirve y la posesión que ya tiene dominada. Pero no existe arrepentimiento cuando la persona vuelve repetidamente a cometer el mismo acto destructivo.

El arrepentimiento no debe tocar solamente los sentimientos, ni es tampoco el simple sinónimo de una emocionada disculpa. Eso es sentir remordimiento, eso es sentirse triste porque ha sido atrapado en una acción indebida o porque debe sufrir las consecuencias no placenteras de sus acciones. Sin embargo, a pesar de que toda persona normal puede sentir eso, esa tristeza se irá disipando paulatinamente y quien con lágrimas te ha jurado su arrepentimiento volverá, una vez más, a convertirse en el león amenazante que está dispuesto a devorar a su presa y que finalmente regresará para darte un zarpazo certero. Y así continuará la historia y se repetirá nuevamente, dejándote confundida y adolorida. Alejandra te lo confirma en estas palabras tristes que me escribió solo hace dos meses: «Llorábamos juntos después de cada golpiza. Yo de dolor e impotencia y mi hijo de terror por la violencia. Pero ocho años de abuso con decenas de palizas y decenas de momentos de abrazos y lágrimas no han cambiado absolutamente nada. Usted me dijo la verdad David. Ahora sé que Renato no está verdaderamente arrepentido. Es cierto que yo lo engañé una vez. Pero me arrepentí y nunca más lo volví a hacer. Él dice arrepentirse y vuelve a hacer lo mismo. Ya estoy cansada de eso y necesito su ayuda».

El arrepentimiento genuino incluye el cambio

Arrepentirse incluye la determinación a cambiar la manera de pensar que lleva a una acción errónea. Un esposo abusador arrepentido es aquel que ha despertado al hecho de que se ha estado engañando a sí mismo creyendo que esa es la forma normal de reaccionar y que decide buscar toda la ayuda que sea necesaria para salir de ese sistema que lo tiene atrapado. Arrepentirnos significa aceptar que en ciertos aspectos de nuestra vida existen ideas, actitudes, valores y acciones erróneas que deben ser cambiadas. Cuando alguien se arrepiente debe renunciar a su proceder erróneo y si se siente incapacitado para realizar por sí solo los cambios indispensables, debe buscar por todos los medios a su alcance para recibir esa ayuda.

Si tu marido estuviera arrepentido, querida amiga, comenzaría por reconocer su necesidad y continuaría con el segundo paso, que es confesar específicamente sus acciones inadecuadas. Esta confesión ante ti, que eres la ofendida, debe ser una confesión honesta e incondicional. Debe ser una confesión sin mencionar palabra alguna que busque su justificación. Quien sinceramente confiesa sus faltas, admite claramente sus culpas y está dispuesto a sufrir las consecuencias que sobrevengan.

El verdadero arrepentimiento incluye un cambio radical en el comportamiento o, si la persona se siente impotente para cambiar, debe incluir la búsqueda sincera de ayuda para poder lograrlo. Además, debe incluir la solicitud de perdón a la persona o personas ofendidas. Te reitero que lo que tú has visto es simplemente un acto de remordimiento, que cuando lo conviertes en la base para seguir conviviendo sin confrontar el problema, te preparará el camino para un mayor sufrimiento.

Tú no puedes cambiar a otra persona

Quiero recordarte que tú no puedes cambiar a nadie. ¿No te acuerdas de cuántos esfuerzos has hecho para lograrlo? ¿Te olvidaste de cuántos años has tratado de influir en él para que deje de demostrar su poder por medio de la fuerza? ¿No es cierto que no has logrado nada y que lo que parecía que estaba surtiendo efecto no era sino un momento de transición que aumentaba la presión para un nuevo acto de violencia?

Imaginarme todos los medios que has usado para tratar de cambiar a tu marido, no es una tarea muy difícil. Fuera de los que ya has mencionado existen otros avalados por los testimonios de mujeres que he atendido. Ellas me han relatado algunas de las acciones que han tomado a fin de convencer a sus esposos para que no sigan actuando con violencia. La respuesta fue siempre la misma. Ellos sintieron remordimiento pero no arrepentimiento. ¿No es cierto que tú misma a veces, te presentaste como una niña lastimada y, con tu cara bañada en lágrimas pensaste que quebrantarías el corazón de tu marido, que en algún momento fue sensible? ¿Recuerdas cuántas veces lo has amenazado con abandonarlo y, dolido por el temor a la posible pérdida de su dominio, él ha derramado lágrimas que creíste eran sinceras como las tuyas, pero solo eran una nueva estrategia para ganar tiempo y buscar nuevas formas de manipulación? ¿No te acuerdas que, en ocasiones, respondiste con firmeza y tus gritos fueron escuchados y que también tuviste en tu mano el látigo del enojo prolongado y que, por momentos, parecía que lo tenías dominado? Sin embargo la realidad es otra, pues así como al tigre no se le borran las manchas, ni el león olvida su instinto en la jaula del zoológico, tampoco quien cree y practica la violencia permanecerá por mucho tiempo en su retiro.

¿Recuerdas cuántas veces has tratado de llegar a producir un cambio en él, buscando sacar de ese tosco corazón un poco de ternura? Tú misma me lo contaste. Me dijiste: «He tratado en vano de que no actúe en forma grosera y tan violentamente para que los niños no se asusten, pero no me hace caso». Dale un poco de crédito. Tal vez quiere hacerte caso, pero no puede. Tú has tratado que piense en tus niños tan inocentes y atemorizados y lo único que has logrado es que, directa o indirectamente, la violencia también los afecte a ellos. ¿Qué has logrado querida amiga? ¿Has avanzado algo o sigues perdiendo terreno constantemente?

Te ruego que abandones tu esperanza de transformación o que por lo menos consideres que por sí solo nunca podrá salir de su camino errado. No sigas pensando que quien te maltrata es un enfermo que necesita tu ayuda. Si él es enfermo necesita un doctor. Allí es adonde tiene que dirigirse y no convertirte en una bolsa de entrenamiento para boxeadores. Él necesita un consejero y no una madre, necesita un tratamiento sicológico y no un trapo de lágrimas.

El maltrato no se inició en tu matrimonio

Generalmente el maltrato es una conducta aprendida y no una enfermedad mental. Es muy posible, pues ocurre en muchos casos, que haya aprendido esta conducta desde la niñez y que esté convencido de que la violencia es una manera efectiva de tener poder y control sobre tu vida. Lamentablemente tu reacción de resignación así se lo ha confirmado a través de los años. Recuerda, querida amiga, que el agresor es responsable de sus propias acciones y que de la única manera que le darás la lección práctica que le comunique que no puede gobernarte con la violencia, es evitando ser intimidada y gobernada por sus reacciones violentas.

Tú no puedes cambiar el corazón de otra persona a pesar de todo tu amor y resignación. Tú no puedes cambiarlo de violento a pacífico. Esa no es obra tuya. Si es una persona que depende de las drogas o del alcohol, tampoco puedes cambiarlo; él necesita ayuda profesional. Tú podrías ser instrumento de ayuda si lo guías y lo animas a que busque asesoramiento. Lo ayudas si lo animas a que haga todos los esfuerzos para abandonar las drogas que lo tienen esclavizado; pero tú no puedes cambiarlo, ni puedes obligarlo a que busque ayuda si él no quiere hacerlo. Es muy cierto que la tendencia a la violencia se puede intensificar con el alcohol y las drogas. Aunque generalmente estos no son realmente la causa del maltrato, lo cierto es que pueden instigarlo en las personas violentas. Recuerda que el maltrato no es una pérdida del control, sino un intento de ganarlo o mantenerlo si ya lo tiene. El cambio radical es producto del poder divino todo suficiente, obrando en la vida de un hombre dispuesto, honesto y obediente. No depende de una mujer tierna y sincera, por más amorosa e inteligente que esta sea.

Si no sabes nadar no intentes hacerlo con el que se ahoga

Tomar la decisión de rescatar a tu esposo es como pedir al que no sabe nadar que rescate al que se ahoga. Si intenta hacerlo, ambos morirán ahogados. La desesperación por salvarse obliga al que se está ahogando aferrarse al que intenta rescatarlo, pero tú no sabes nadar y, mucho menos, llevar contigo al que se está ahogando.

Es el salvavidas que está disponible quien tiene capacidad para ayudarle. Grítale, desde un lugar seguro, que se aferre al salvavidas que tiene a su disposición. Sé que te has sentido necesitada y de alguna manera te has transformado en una heroína, pero tu sacrificio no logrará nada. Tú sabes que tu táctica no ha sido efectiva por las anteriores experiencias vividas. Sé que has sentido que puedes proveer algo que nadie más puede hacer, pero lo que debes proveer es lo mejor que tienes disponible y lo que rendirá frutos apropiados, sin necesidad de un sacrificio tan duro de tu parte. Por supuesto que puedes ayudarle, pero no de la forma que lo haces ahora. No puedes transformar a tu marido con la magia de tu amor. Dios puede hacerlo, pero tú no eres Dios.

Muchas mujeres que se han sometido a años de sufrimiento y luego han visto la transformación de sus maridos, emplearon el camino más largo y se apoderaron de una gloria que no les pertenece. Si ellas confiaron en Dios, fue Dios el que transformó a sus maridos, pero ellas hicieron un sacrificio innecesario, pues Dios no está sujeto a la disponibilidad de una mujer para realizar un milagro en un hombre en el momento que ella lo estime conveniente. Él hará lo que quiere a su tiempo y a su forma.

No te comprometas en tareas imposibles

Tomar la decisión de transformar a tu marido es decidir hacer una tarea que no te ha sido posible cumplir con todas las herramientas que han estado a tu alcance y que sinceramente has usado. No te ha faltado buena fe ni has escatimado sacrificio. Si decides seguir en ese camino, te garantizo un futuro lleno de frustraciones, porque no podrás cambiar a quien no desea hacerlo. Te aseguro un futuro lleno de decepciones, porque todo intento de cambio y toda promesa de ser diferente, terminará en un fracaso persistente. No confrontar el problema y persistir en cambiar la naturaleza violenta de quien amas, ha sido tu patrón de conducta hasta este momento. Muéstrame un cambio radical permanente que él haya tenido producto de tus intentos de cambiarlo y tendría que admitir que ha valido la pena todo lo que has sufrido. ¿No es cierto que cuando has intentado dar dos pasos hacia adelante has dado tres para atrás? Si sigues así, sin hacer cambios en el presente, no tendrás un futuro diferente y, poco a poco, te harás más dependiente emocional, económica y físicamente.

La útil herramienta de la confrontación

Debes recordar que la meta que tenemos en mente al caminar juntos por este doloroso sendero, es quitar todos los elementos que hagan posible que sigas sometida a la violencia. Para ello, necesitamos que exista una genuina transformación de las cosas, de las vivencias y de las personas que componen tu círculo familiar. Para lograr nuestro propósito, agregaremos las cosas y personas útiles o quitaremos las personas, circunstancias o cosas que estén impidiendo el desarrollo normal de la relación conyugal. Agregar personas a la situación significa añadir otros individuos que puedan servir de ayuda y protección. Estos pueden incluir un consejero, un abogado, familiares, o aun miembros de la fuerza policial. Quitar personas significa que es necesario romper, temporal o permanentemente, con amigos, con familiares o con el cónyuge que estén perjudicando el proceso de evitar la violencia. Debemos proveer todos los medios necesarios para que las personas cuyo comportamiento es destructivo, reciban el tratamiento adecuado y tengan la oportunidad de cambio y restauración. Incluso, aunque al hacerlo sintamos dolor y tristeza, debemos quitar de nuestro camino a las personas que no podemos cambiar, que no tienen el deseo ni están dispuestas a hacerlo, y cuyo comportamiento está afectando la integridad física y emocional de una persona y de su familia.

La transformación es posible cuando se hace lo correcto

La confrontación es la herramienta que debes usar, pues esta es la única útil y fructífera. La confrontación, cuando se realiza con sabiduría, siempre logrará su cometido. Mediante ella se intenta realizar un careo entre dos o más personas. El resultado, en el mejor de los casos, puede ser el reconocimiento de las faltas que comete el que produce la violencia y la sincera disposición a someterse a todo lo que sea necesario para cambiar. Eso es lo que, como consejero que ama y busca la unidad de la familia, siempre espero que ocurra.

Te confieso que he visto hombres transformados cuando estos se han sometido sinceramente a un tratamiento que requiere tiempo y paciencia. He visto hombres que, producto de la presión ejercida por una mujer sabia, se han visto obligados a entrar en un proceso de asesoramiento que les ha permitido cambiar su comporta -miento. Te puedo contar decenas de testimonios de hogares que hoy están libres de la violencia después de un proceso de sanidad y de restauración. Te puedo mostrar muchas cartas de hombres que antes me odiaron porque con mis consejos invadí el territorio que tenían dominado, pero que hoy me estiman pues sus hogares han cambiado. Te puedo contar muchas historias de hombres que hoy son felices pues descubrieron que no solo traían dolor a su familia, sino que ellos mismos vivían infelices. Te aseguro que en todos aquellos hogares no se han terminado los conflictos en la relación conyugal, pero han aprendido a enfrentarlos en forma sabia y racional. Sin embargo, también existe el otro lado de la historia. No puedo esconder otra gran realidad y sé que eso es precisamente a lo que tú le temes. Debo advertirte que existe una gran cantidad de hombres que no tienen ninguna intención de cambiar y la gran mayoría de ellos no cree necesitar ayuda. Ellos son los que no entenderán simplemente con palabras y los que no serán conmovidos ni siquiera por las acciones más radicales. Ellos son los que han determinado hacer de la violencia su permanente compañera. En esas condiciones, la mujer nunca será considerada su pareja, sino un objeto de descarga de violencia. En esos casos lo único que puedo hacer es poner los límites necesarios para que la parte inocente no sea destruida con esas acciones violentas.

Te han mantenido sola, no confrontes sola

La confrontación con quien te está tratando con violencia tiene diferentes formas de realizarse. En raras situaciones, la mujer sola puede llevar a cabo la confrontación. Solo tú conoces el grado de violencia que ha existido y solo tú sabes cuán peligroso podría ser hacerlo sola. Sin embargo, después que hayas creado una red de personas o de organizaciones, o ambas, que te brinden apoyo y protección, tendrás más elementos que te provean seguridad para comenzar este proceso. Cuando no existe peligro mayor, este proceso de confrontación puede ser realizado lentamente y paso a paso, pero en la mayoría de los casos se requiere de la ayuda de personas preparadas para enfrentar una situación como esta. A veces la confrontación del problema puede realizarse mientras todavía compartes la casa con tu esposo. Pero cuando tu integridad física está en peligro, la confrontación se iniciará con el abandono inmediato de la casa y bajo la protección de consejeros, familia o incluso de las fuerzas policiales.

Comprendo que estas no son decisiones fáciles. Por otro lado, no creo que mis sugerencias te resulten extrañas. Seguramente en muchas oportunidades pensaste que debías confrontar la violencia y aunque es triste que nunca lo hayas hecho, me alegra que haya llegado el momento de hacerlo. La determinación de detener este proceso fue complicada, y no será sencillo implementar los pasos necesarios para llevarla a cabo. Me informaste que por momentos pensaste que la violencia era parte normal de la vida de la familia. Pero familia y violencia son términos excluyentes. Espero que hayas entendido que la violencia y la familia nunca deben ir juntos; eso te ayudará a afirmar tu decisión de detener la violencia.

Recuerda adonde has caído y hasta dónde debes subir

Recuerda que, poco a poco, has sido anulada y tu autoestima ha descendido a niveles anormales. Tú sabes que has vivido, por algún tiempo, aceptando cosas que ninguna mujer con altos valores morales y con una adecuada autoestima hubiera aceptado. Has soportado la violencia, el maltrato y el abuso verbal y emocional porque no has tenido fuerzas para defenderte, ni has creído que tenías derecho de hacerlo. En algunas de tus cartas tus declaraciones me llevaron a pensar que creías que si fallabas, de cierta manera se justificaba el enojo de tu cónyuge y la violencia con que lo manejaba. Hasta el enojo es aceptable. Todos tenemos derecho a enojarnos por cosas justas, pero nunca se justifica la reacción violenta ante la falla de otro ser humano. Me has comunicado hoy que tu autoestima está llegando a niveles normales, que sientes más fortaleza para poder tomar acciones radicales. Me alegra pues vas progresando normalmente. Hoy, cuando tienes el consejo y la dirección de quien busca tu bienestar, sientes fuerza y esperanza. Eso es precisamente lo que deseo que busques. Necesitas apoyarte en personas que crean en ti, que sepan que eres una mujer digna de respeto y que actúen en consecuencia. Necesitas el apoyo de quien no haga nada que te pueda destruir. Necesitas el apoyo de quien te dé el lugar que mereces. Quizás existan personas que, como yo, crean en ti y que estén dispuestas a luchar para que se respete tu dignidad, y que tan pronto se den cuenta de que estás sufriendo, seguirán mis consejos para protegerte. Búscalas con sabiduría de acuerdo a mis sugerencias y notifícamelo, pues ellas también necesitan instrucción. Quienes bajo mi dirección se conviertan en tu círculo de apoyo necesitan recibir la instrucción necesaria para saber cómo proceder, especialmente cuando tu esposo intente impedir que recibas todo apoyo y utilice las mismas herramientas de intimidación y violencia que ha utilizado contigo.

La gota que derramó la copa

Para animarte, quiero contarte que con Estela realizamos un plan de emergencia. Su esposo estaba actuando con tal violencia que tan pronto notó que ella estaba recibiendo asesoramiento, la golpeó violentamente. Aprovechamos ese lamentable incidente para obtener las pruebas que necesitábamos y presentar una denuncia con mayor peso legal. Esa era la evidencia que necesitábamos para que recibiera protección policíaca.

¡Libres, al fin!

Cristina y su pequeño hijo han estado separados de Fernando por más de siete meses. Dos semanas atrás, me llamó por teléfono para contarme que habían celebrado su séptimo mes libre de violencia. Siete meses que no le habían gritado, que no había sido golpeada ni ignorada. Siete meses de grandes desafíos y de inicio de una nueva vida. Tuvo que salir a trabajar por ocho horas diarias lo que nunca antes había hecho y sostener a su hijito con mucho sacrificio. Económicamente siempre había tenido todo lo que ella necesitaba. No han sido siete meses fáciles, pero recuerdo sus palabras matizadas con suspiros y lágrimas de alegría: «David, un pequeño bocado de pan, amor, respeto mutuo y tener lo suficiente para subsistir en medio de la paz y la tranquilidad con mi hijo, es lo que siempre anhelaba y es lo que ahora tengo».

Confrontación a tiempo

Beatriz, actuó con presteza. Solo dos años de casada y decidió confrontar a su esposo, quien hacía algún tiempo había comenzado a actuar violentamente. Después de sufrir abuso verbal y amenazas durante más de un año, siguió mis consejos con determinación y energía. Su esposo se sometió a un plan de asesoramiento y por más de cinco meses ha mostrado significativos logros. Ha mejorado paulatinamente, pero ha mejorado. Ambos han ido descubriendo sus puntos débiles y siguen trabajando y logrando cambios sorprendentes. Lo más importante es que Beatriz aprendió que nunca debía aceptar la violencia y se decidió por no aceptarla. Su esposo entendió el mensaje y sabe que cualquier intento de violencia pondrá en serio peligro su relación conyugal.

Es mejor huir que ser destruida

Zulema después de escuchar dos programas de radio en los que hablé del abuso que experimentan algunas mujeres, me escribió una carta larga e impactante. Ella siguió el consejo y, con determinación, a pesar de que había sido aconsejada erróneamente en el pasado y que tenía serios temores y traumas, buscó protección y dirección en una casa de ayuda para mujeres maltratadas. Posteriormente, se comunicó conmigo y estamos en un proceso que la ha liberado del abuso emocional, verbal y sexual del que estaba siendo víctima. Recién estamos dando los pasos iniciales, pero importantes. Ya está en un lugar seguro y recibimos sus cartas inundadas de palabras de esperanza y de gratitud por la ayuda que mi esposa y yo le hemos brindado.

Y tú ¿qué harás?

Y ahora tú, querida amiga, aunque veas todo tu mundo complicado, tengo que decirte que «el monstruo» no es tan grande como te lo imaginas, ni tan pequeño como parece. El monstruo lo ves gigante porque a ti te encogieron emocionalmente. Con los insultos y palabras denigrantes que has recibido, te fueron convenciendo de que no vales nada, que solo sirves para cocinar, planchar, cuidar a tu hijo y hacer el amor. Tienes valor mientras satisfaces sus demandas. Pero no siempre puedes cumplir todo lo que esperan de ti y es precisamente entonces cuando él cree que tiene el derecho de usar la violencia. Poco a poco te fueron dominando. Te intimidaron y amenazaron de tal manera que te amarraron emocionalmente. Así pusieron una lupa gigante ante tus ojos y a través de ella ves al monstruo grande, tan grande que te atemoriza. Te aislaron, pusieron murallas de encierro alrededor tuyo y sientes que todo el mundo está distante.

Crees que estás sola frente al monstruo. Pero no es verdad. Lo que ocurre es que tú has ocultado al verdadero monstruo. Te aislaron tanto que estás sola frente a él. Tus familiares y amigos no lo ven. Ellos ven a tu esposo como un hombre cariñoso y comprensivo, porque eso es lo que demuestra en público y eso es lo que tú les has hecho creer a los demás. Tú has sido un cómplice indirecto al luchar por mantener una imagen errónea. Tus padres nunca se han imaginado lo que sufres porque tú has ocultado ese sufrimiento. Lo hiciste porque ese fue el sistema que él te exigió. Te aisló para entretenerse contigo. Ahora eres su víctima. Entiendo que sientas temor de abrir tu corazón y mostrar la realidad a tu familia. Dices: «Mis padres me condenarían por haberme casado a escondidas con este hombre. Ellos me lo advirtieron, ahora cómo puedo contarles mis problemas». Por eso has preferido callar y callando has ido muriendo lentamente. Pero me alegra que ya sabes que no debes seguir cometiendo el mismo error. Dos errores nunca resultan en un bien. Es mejor reconocer que cometiste un error en el pasado y luchar con sabiduría para aprender a manejarlo, pero no creas que ocultando tu situación actúas bien. Ese es otro error que te costará caro.

Por tratar cientos de casos como el tuyo, me doy cuenta de que estás en el momento oportuno para realizar una de las confrontaciones más suaves que se pueden realizar. Lamentablemente vives en un país en el que no tienes mayor protección policial, pero estoy seguro de que tus padres, por el alto cariño y respeto que han demostrado por mi organización de ayuda a la familia, sabrán escuchar las palabras de consejo. Estoy seguro de que ellos te aman y sabrán brindarte todo el apoyo que necesitas.

Un plan imprescindible para una salida necesaria

Querida amiga, a grandes rasgos, este será nuestro plan. El plan se llamará: «De Regreso al hogar». Así como se llama mi corporación de ayuda a la familia. Será un plan que te llevará de regreso al hogar adecuado, al hogar normal, al hogar de respeto, al hogar que toda mujer como tú debe tener. Este plan te ayudará a alcanzar un hogar donde un hijo como el tuyo crezca rodeado del cariño y aprecio que necesita. Un hogar donde exista libertad de ser lo que Dios quiere que seas y no lo que otra persona quiere que seas. No puedo prometerte que tu marido anhele vivir en un hogar normal, pero tú puedes tener una vida y un hogar normal si haces las cosas correctas. Los hogares normales existen cuando en ellos habita un hombre que ama a su esposa y que tiene las virtudes y defectos que puedes tener tú, un hombre que está dispuesto a invertir en el desarrollo de un hijo como el tuyo, que tiene grandes posibilidades para un futuro brillante. Este hogar es posible cuando existe una mujer que ama integralmente, que ha aprendido a decir sí a lo bueno y constructivo y rechazar todo lo erróneo y destructivo.

Te advierto que no es una tarea fácil. Debes hacer el compromiso de persistir a pesar de las dificultades y de terminar el proceso a pesar de los obstáculos. Quiero que entiendas bien mi motivación y que mantengas en mente algunos principios muy importantes.

En primer lugar: nuestra meta no es la separación ni el divorcio, sino la restauración de tu dignidad y detener inmediatamente la violencia en el hogar.

La separación o el divorcio pueden llegar como resultado de las acciones que tomemos. La confrontación sabia siempre nos permite encontrar la solución. Aunque la realidad indica que rara vez motiva al cambio inmediato del abusador, en algunas ocasiones la confrontación sabia y enérgica abre las puertas y motiva al abusador a iniciar un proceso de cambio. En muchos otros casos permite que el cónyuge inocente se de cuenta de la gravedad de su situación, note que su matrimonio está destruido por la violencia y se motive a evitar relacionarse con quien le está destruyendo.

En segundo lugar: nuestras herramientas no serán la amenaza, la intimidación ni la violencia, pues estos serían actos de venganza. Usaremos todas las herramientas que tengan el apoyo de la ley de tu país, de acuerdo a los límites de tus valores morales y de tus creencias.
Ya mencionamos que dos males no hacen un bien. Cuando un cónyuge está actuando erróneamente y el otro equivocadamente, se agrava la situación. Ningún conflicto se soluciona con amenazas o intimidación. Por eso debes evitar todo acto de venganza o de agresividad como reacción a la violencia. Debes evitar cualquier estrategia de manipulación y someterte a todas las leyes del país. No pediré acciones que estén en contra de tus valores morales o creencias bien fundamentadas, pero sí debemos trabajar en identificar aquellas creencias que te han motivado a aceptar la violencia o por lo menos a convivir con ella sin confrontarla. Tu lucha, aunque se torne dura y complicada y aun por momentos áspera e intimidadora, no tiene como objetivo destruir a tu marido. Mis consejos te guiarán a evitar el mal con el bien o a destruirlo, si ya se ha desarrollado.

En tercer lugar: nuestra tarea no puede ser cumplida en forma solitaria. En tu caso, requeriremos de la participación de algunas personas que servirán de apoyo y de protección.
En muchos casos como el tuyo, no es posible salir del encierro y el aislamiento sin el apoyo y cobertura de otras personas. Pero es imprescindible elegir a estas personas con mucho cuidado. No olvides que las malas compañías corrompen las buenas costumbres y aunque es invalorable el buen consejo, también es inmensamente

destructivo el consejo erróneo. Debes moverte con sabiduría y elegir personas que tengan un compromiso con la justicia y el amor, pero que entiendan bien estos conceptos. A veces son los familiares, pero también pueden ser otras personas las indicadas para servir de grupo de apoyo.

No incluyas a quienes piensen como tú pensabas antes de recibir mi asesoramiento. Pueden tener excelentes intenciones, pero no están preparadas para enfrentar una situación complicada como la tuya.

En cuarto lugar: Esta no es una tarea que puedas realizar solamente con buenas intenciones, con excelentes declaraciones y con gran conocimiento. Es una tarea que requiere realizar acciones con discernimiento.

El deseo del cambio no es el cambio en sí. El deseo de actuar no es acción. Solo la acción es acción. Por muchos años has anhelado con todo tu corazón salir de la relación enferma en que te encuentras. Tus intenciones han sido detener la violencia pero eso no ha sido suficiente. Ni siquiera cambiará tu situación el hecho de que ahora tengas los conocimientos que antes no tenías. Estoy seguro de que tu intención es salir de esta relación enferma. Tus cartas me han entregado excelentes declaraciones de lo que te has propuesto. Te he preparado y se que tienes un caudal abundante de conocimientos, pero eso no es todo. Ahora, manos a la obra. Es hora de actuar venciendo todo temor. Querida amiga, ¡manos a la obra! Estamos a punto de iniciar tu camino de regreso al hogar adecuado. Para ello, tus padres y tu hermano serán compañeros en este viaje. En tu caso creo que estas personas son las más apropiadas. Me alegra que en tu última carta me dices: «Quedé muy sorprendida de cómo reaccionaron mis padres. Ellos nunca se imaginaron que yo estaba sufriendo. Por un momento mi padre me echó en cara mi desobediencia pero luego se dieron cuenta de que eso ocurrió muchos años atrás. La carta que usted me envió para ellos fue la más importante. Se dieron cuenta de que un consejero me asesoraba. Al final nos abrazamos y lloramos, ellos están conmigo. Estoy arrepentida de no habérselo dicho antes».

La mayoría de los padres apoyan

Estoy seguro de que tus padres te aman, están dispuestos a ayudarte y vamos a utilizar su apoyo. Comprendo que este es un viaje que ellos no han realizado antes, pero me convertiré en su guía. Puedo hacerlo ya que tengo el conocimiento y he recorrido este camino junto a muchas mujeres que han logrado salir de la selva que les rodeaba. He guiado a muchas de ellas perdidas en la maraña de la tupida maleza. He creado ciertos mapas, los reviso y los mejoro cada día. Puedo ser el guía que oriente, tanto a ti como a tu familia, para que inicien este viaje lleno de esperanza. Trataré de que todos tengan el conocimiento y las herramientas que necesitan para avanzar con consistencia y seguridad. Ellos están dispuestos y estoy seguro de que marcharán junto a ti. Serán los encargados de proveer vivienda, si es que necesitas huir de la violencia en forma imprevista o después de un proceso. Ellos podrán ayudar económicamente si es indispensable hacerlo. Por supuesto, lucharás con la vergüenza de volver al hogar paterno, pero los padres prefieren normalmente ayudar de manera temporal a sus hijos en necesidad, que mantenerse como ignorantes del dolor que estos sufren. Tu necesidad de ayuda será pasajera y te proveerá del apoyo que necesitas en medio de esta crisis.

Algunos padres también fallan

María no tuvo el apoyo que tú recibiste. Sus padres decidieron no mezclarse en el asunto. Ella no pudo confrontar a su marido. No tenía la fortaleza para hacerlo, no tuvo el apoyo necesario y su vida estaba cada vez más en serio peligro. Ella y su hijito tuvieron que huir. La envié a una casa de refugio y allí la trabajadora social le brindó ayuda. Estaba tan atemorizada pues sus documentos legales de inmigración del país en que se encuentran estaban en trámites y era su esposo quien legalmente le daba el derecho a obtener la visa. Pero en ese hogar de refugio ella encontró orientación sicológica, ayuda económica y asesoramiento legal. Los primeros días tenía una mezcla de sentimientos que le embargaban muy profundamente. Se encontraba junto a su hijito en un lugar extraño. Ni siquiera podía establecer comunicación telefónica. Ni aun conmigo podía comunicarse. Debía permanecer escondida hasta que se arreglaran algunos asuntos legales. Ella no tuvo el apoyo de su familia, pero el gobierno sí le proveyó la ayuda necesaria.

Confronta con sabiduría

En tu caso, puedes realizar la confrontación estando aun en casa. Aunque esto no siempre es posible y como consejero debo determinar si es saludable al examinar cada caso en particular. Debes tener cuidado y abandonar el hogar solo si al realizar la confrontación resultara una mayor violencia. No te olvides de tener en tu lista de recursos a ese médico amigo. En mi última carta te envié el nombre. Él te atenderá cuando le llames. Será el responsable de examinarte en caso de que seas golpeada o maltratada físicamente. Así nos aseguramos de que tendremos las pruebas suficientes no solo para que tu esposo vea la seriedad de las acciones que emprenderás, sino también para contar con pruebas, bajo la debida certificación profesional, que respalden que has sido objeto de violencia.

Te he recomendado un abogado. Su labor será estar listo a prestarte la asistencia legal que yo no puedo otorgarte, por no conocer las leyes de tu país, ni ser ese mi campo profesional. Él será un instrumento de presión para que tu esposo entienda la seriedad de las acciones que estamos realizando. En caso de que aumente la violencia, el abogado te asesorará sobre los pasos legales a seguir. Por supuesto, que es mi deseo que nunca necesitemos los servicios de estos profesionales, pero es prudente estar preparados por si su asistencia fuese necesaria.

Indudablemente que una de tus más grandes luchas será vencer la vergüenza que acompaña tener que incluir a personas extrañas en un asunto tan privado, pero en determinados casos, es imposible romper el ciclo de violencia sin la ayuda de estos profesionales. La vergüenza es natural. Es la misma vergüenza que sentiste cuando por primera vez visitaste al ginecólogo, y que todavía sientes cuando lo visitas, pero comprendes que es necesario hacerlo. Estos profesionales están preparados para realizar la labor para la cual fueron entrenados.

Por supuesto, querida amiga, tú eres la persona clave en este viaje. La confrontación de las acciones erróneas de tu esposo es la única herramienta que funciona y eres la única que puede realizarla. Pero no estás sola. Nada de lo que nosotros hagamos tiene sentido y razón de ser en este proceso si no entiendes que es de ti de quien depende el éxito o fracaso de la confrontación. Después de tener todo el plan de apoyo que necesitas, debes iniciar tu participación. No lo hagas antes de tener el plan y a todas las personas de apoyo debidamente identificadas. A ellas deberás notificarles acerca de los pasos que darás.

Tú eres la persona que tiene que confrontar a tu marido. Lamentablemente no estoy cerca de ti, pues yo estaría dispuesto a hacerlo como lo he hecho en incontables ocasiones. Algunos hombres han llegado a odiarme y nunca más los he visto. Otros me odiaron por un tiempo y luego se dieron cuenta de lo erróneo de sus acciones. Debido a la distancia y a que no tienes un consejero disponible, es indispensable que hagas uso del valor que has adquirido por medio de este proceso de asesoría. Recuerda que ahora no estás sola y que nunca has estado tan preparada como en este momento para confrontar el asunto. Ya venciste la soledad en que te habían metido. Ya tienes el apoyo de quienes te aman y sabes que, lo que has vivido, ha sido un error soportarlo. Sabes que tienes pleno derecho a confrontarlo. Por supuesto, mientras más difícil y delicada la tarea, más sabiduría necesitas. La confrontación tiene que ser realizada en el momento, lugar y tiempo oportunos y con las palabras y actitudes adecuadas. Comunica a tus padres y a tu hermano la fecha y hora en que lo harás. Pide a tus padres que estén pendientes a cualquier aviso de auxilio. Encarga a ellos tu hijo y adviérteles que estén pendientes de cualquier señal que les entregues para indicarles que necesitas ayuda.

Manos a la obra

Comienza diciéndole a tu esposo que tus padres están informados de la conversación que estás sosteniendo con él y que te están entregando su apoyo incondicional. Notifica que tienes mi asesoramiento y que estás en un proceso de crecimiento. Dile que lo primero que deseas que él haga es que lea la carta que le envié. Después que la haya leído, prosigue con la siguiente etapa. Identifica claramente cuál es el problema. Llámalo por su nombre y descríbelo con honestidad y sin olvidar detalles. Recuérdale los actos de violencia de los que has sido objeto y cómo han ido en permanente incremento. Declara con firmeza y seguridad que no estás dispuesta a continuar viviendo ese tipo de vida y que no aceptas que esa sea la clase de relación conyugal entre personas que se aman. Que no importan las razones que él tenga para justificar la violencia, tú nunca más la aceptarás como parte de tu hogar y que ese no será el ambiente en que crecerá tu hijo. Comunícale que seguirás hasta las últimas consecuencias y que tu meta es detener la violencia, rechazarla como ingrediente de la relación conyugal y que si eso significa que ambos deben entrar en el proceso de asesoramiento, ese es el mejor precio que estás dispuesta a pagar y que no dudarás en hacerlo. El precio más alto al que estás dispuesta es la separación de la violencia y que si él decide seguir utilizándola, tendrás que separarte de él.

La confrontación siempre trae el mejor resultado

Finalmente quisiera que todo resultara en forma ideal, pero debido a que estamos tratando con hombres con conflictos en sus valores, con enseñanzas erróneas y con estilos de vida anormal o con luchas emocionales serias, no siempre las cosas salen como se espera. Pero te aseguro que cualquiera que sea el resultado, cuando confrontas sabiamente, tú serás la beneficiada. A veces la confrontación es tranquila y provechosa, a veces se torna violenta y destructiva. Nunca realices la confrontación si temes por tu vida. Si tu esposo es tan violento que tú o tu hijo corren peligro, ni siquiera te atrevas a confrontarlo. Debes tener todo el sistema de apoyo necesario listo y las autoridades o tus familiares deben estar notificadas de tu decisión de abandonar la violencia.

Solo otra herramienta pero no pudo usarla

Georgina quedó impresionada por la actitud de respeto y comprensión de su marido. Pero no sabía que era solo otra herramienta de su plan de engaños. Aceptó todo lo que ella le dijo y prometió cambiar lo antes posible. Pero ese cambio nunca llegó. Es que cada abusador utilizará todas las herramientas que tenga a su alcance y que su imaginación vaya creando para evitar perder el control.

La evidencia necesaria

Teresa logró hablar por unos minutos e inmediatamente fue golpeada. Ella siguió al pie de la letra mis instrucciones. Se fue al hospital y denunció a su marido. Fue la última golpiza que recibió en su vida. Allí obtuvo la evidencia legal para sacar a su marido de la casa. Hasta ese momento nunca había querido salir de la casa, sino que constantemente la echaba a ella.

Alguien que solo necesitaba que lo detuvieran

Antonieta logró que su marido se calmara después de su primera reacción de enojo. Ella mantuvo la calma, dejó pasar un par de horas y pudo conversar con tranquilidad por primera vez. Estaba preparada, y él se dio cuenta de que su esposa sabía exactamente lo que quería. Se dio cuenta de que no tenía otra opción que aceptar la confrontación. Después de meses de asesoramiento el matrimonio volvió a reanudar sus relaciones y se convirtieron en un matrimonio normal.

En tu caso no puedo adivinar lo que ocurrirá. Lo único que te digo es que si lo haces bien, será lo mejor para ti y tu hijo. Recuerda que tienes esta gran responsabilidad de actuar bien. Considera mis palabras como una guía general que te ayudará a comprender que detener la violencia no es algo que realizará quien cree en la violencia (ese es tu marido), sino quien está convencido de que esta no debe ser parte de la vida conyugal (esa eres tú). Tienes que recordar durante todo este proceso, que no debes permitir que él tome control de la situación, porque te ha demostrado a través de los años, que no está capacitado para hacerlo. Debes demostrar seguridad en tus acciones y mantener la consistencia en tus determinaciones. No importa lo que él decida hacer y no importa la nueva estrategia que use para convencerte, no vuelvas a ceder en nada de lo que te he explicado en mis cartas. No abras ninguna puerta que le permita pensar que nuevamente está encargado de tu situación y que puede volver a manejarte, tal como lo ha hecho hasta el momento. Recuerda que debes seguir recibiendo asesoramiento durante todo el proceso, pues vienen etapas distintas para las cuales seguramente no estás preparada. Gracias por la honestidad y sinceridad con que has respondido a mis preguntas y estoy convencido de que al final de este proceso disfrutarás de la libertad que tanto anhelas. Has progresado lentamente pero me alegra que en tu última carta me informas el cambio maravilloso que has tenido. Me agrada especialmente cuando dices que: «Por primera vez en mi vida veo a ese oscuro túnel ir hacia atrás. Todo está quedando en el pasado y no importa cuál sea el desenlace de este proceso, estoy más preparada que nunca para enfrentarlo. Tengo todas las piezas en su lugar. Mis padres, un médico, un abogado y por sobre todo, a un Dios que me ha dado la fuerza para tomar una de las decisiones más importantes de mi vida».

Me alegra haberte ayudado hasta este momento y ser tu guía en este proceso. Te lo agradezco pues nuestro constante diálogo a través de cartas y por medio del teléfono me ha ayudado a entender el sufrimiento de miles de mujeres. Ahora cada vez que hablo del tema, la gente sabe que conozco su realidad pues me diste el privilegio de conocer la tuya y por medio de ella la triste verdad de quienes asisten a mis conferencias o escuchan mis programas de radio.

SEGUNDA PARTE

*Para mis amigas maltratadas
desconocidas*

A l recorrer América Latina y los Estados Unidos y como resultado de mis conferencias he escuchado innumerables testimonios de personas que son víctimas del abuso. Todo eso me ha ayudado a escribir lo que a continuación presento. Todo lo he diseñado a fin de ayudarle a dar los pasos que son indispensables para evitar tragedias en la vida familiar. Yo no sé en que situación usted se encuentra pero quisiera conducirle por un sistema de evaluación que le permita determinar si es objeto de violencia doméstica y a la vez qué debe hacer para confrontarla con sabiduría.

Evaluación y escape

La evaluación es una labor imprescindible para determinar si realmente existe abuso y el grado de peligro en que se encuentran sus víctimas. Este paso, como todos los que necesita dar una mujer maltratada, también incluye cierta dificultad. Es difícil para las víctimas de abuso ser razonablemente objetivas acerca de su propia situación. Debido al historial de maltrato muchas de ellas están tan acostumbradas a ser abusadas, y por ello su grado de tolerancia ha aumentado a tal nivel, que han perdido contacto con lo que es normal. Debo indicarle a todas las mujeres que se encuentran en esta condición que sí existe un mejor trato disponible, y que sí existen mejores formas de relacionarse con su cónyuge. Que el maltrato, la violencia y un ambiente antagónico no es lo normal en una relación conyugal.

Toda mujer abusada debe entender que tiene el derecho de vivir en un ambiente de respeto y dignidad. Es necesario que usted lea mi folleto sobre las características del abuso de la mujer y compare su propia situación con lo expuesto en ese material.

A fin de ayudarle a evaluar su situación, incluyo un cuestionario que es imprescindible que llene con absoluta sinceridad. Si no es honesta, se engañará a sí misma. Si es sincera y admite la realidad, ayudará a determinar si está viviendo en una situación de abuso.

Por supuesto que no podrá identificarse con todas las preguntas, ni todas encajarán en su situación, porque existen distintas clases de abuso, pero sin duda existirán algunas experiencias similares.

Cuestionario

1. ¿Se siente atemorizada por las reacciones de su esposo?
FRECUENTEMENTE__   A VECES__   RARA VEZ__   NUNCA__

2. ¿Ha sido golpeada por su esposo?
FRECUENTEMENTE__   A VECES__   RARA VEZ__   NUNCA__

3. ¿Usa su esposo un lenguaje grosero con usted cuando esta enojado? ¿La insulta y la trata como si fuera su hija?
FRECUENTEMENTE__   A VECES__   RARA VEZ__   NUNCA__

4. ¿La obliga su esposo a tener relaciones sexuales aunque usted no lo desee y a hacer cosas que a él le agradan y a usted no?
FRECUENTEMENTE__   A VECES__   RARA VEZ__   NUNCA__

5. ¿Alguna vez se ha separado temporalmente o a huido de su casa por actos de violencia de su esposo?
FRECUENTEMENTE__   A VECES__   RARA VEZ__   NUNCA__

6. ¿Aunque nunca la han golpeado, ha sido amenazada de muerte o de ataque físico por su esposo?
FRECUENTEMENTE__   A VECES__   RARA VEZ__   NUNCA__

7. Cuando su esposo está muy enojado, ¿destruye cosas, lanza objetos o golpea sus manos, pies o cabeza contra algún objeto?
FRECUENTEMENTE__   A VECES__   RARA VEZ__   NUNCA__

8. ¿Tiene su esposo un historial de violencia o de abuso en el uso de drogas o alcohol?

DROGAS: SI__ NO__ ALCOHOL: SI__ NO__

VIOLENCIA: SI__ NO__

9. ¿Ha sido amenazada usted o sus hijos con armas de fuego, cortantes u otros objetos?

FRECUENTEMENTE__ A VECES__ RARA VEZ__ NUNCA__

10. ¿Ha hecho su esposo amenazas de suicidarse si usted le abandona o lo denuncia?

FRECUENTEMENTE__ A VECES__ RARA VEZ__ NUNCA__

11. Cuando usted ha mencionado la posibilidad de abandono o divorcio por los conflictos familiares, ¿ha sido intimidada por su esposo prometiendo un ataque físico, suspensión de la ayuda económica, o le ha manipulado emocionalmente?

FRECUENTEMENTE__ A VECES__ RARA VEZ__ NUNCA__

12. Cuando su esposo está enojado y reacciona violentamente, se desquita abusando de sus hijos mediante insultos o castigo físico excesivo?

FRECUENTEMENTE__ A VECES__ RARA VEZ__ NUNCA__

13. ¿Sabe usted si su esposo fue testigo de abuso entre sus padres o fue víctima de abuso sexual, emocional, físico o verbal?

SI__ NO__ NO SE__

14. ¿Controla su esposo la mayoría de las cosas o todo lo que usted hace y no tiene libertad para tomar decisiones o hacer algo por si sola?

FRECUENTEMENTE__ A VECES__ RARA VEZ__ NUNCA__

15. ¿Critica su esposo constantemente lo que usted cocina o el orden de la casa, sin prestarle ayuda y apoyo?

FRECUENTEMENTE__ A VECES__ RARA VEZ__ NUNCA__

16. ¿Controla su esposo todo el dinero y usted debe pedirle aun para sus necesidades personales?

FRECUENTEMENTE__ A VECES__ RARA VEZ__ NUNCA__

17. ¿Trata su esposo de mantenerla aislada de amigos y familiares?
FRECUENTEMENTE__   A VECES__   RARA VEZ__   NUNCA__

18. ¿Le exige que guarde silencio y que no comunique a nadie sus problemas familiares?
FRECUENTEMENTE__   A VECES__   RARA VEZ__   NUNCA__

19. ¿Ha sentido deseos de abandonar a su cónyuge?
FRECUENTEMENTE__   A VECES__   RARA VEZ__   NUNCA__

20. ¿Tiene temor de lo que pueda ocurrir en el futuro con usted o sus hijos?
FRECUENTEMENTE__   A VECES__   RARA VEZ__   NUNCA__

Al contestar las preguntas observe con atención. Debe saber que mientras más frecuentes sean las respuestas positivas, más peligrosa es la situación y más grave el abuso que experimenta. Como resultado de esta evaluación, usted obtendrá la posibilidad de identificar su realidad. Si el resultado es que usted vive en una relación abusiva debe confrontar su problema lo más rápidamente posible. Si usted recientemente se ha casado y se encuentra al inicio de una relación que se va degenerando, este es el momento más oportuno para la confrontación. Le aseguro que hacerlo con sabiduría le permitirá tener relaciones conyugales saludables. Si usted permite que su relación se inicie con abuso y continúa siendo maltratada, su relación disfuncional nunca mejorará, al contrario, cada día empeorará y sus acciones le ubicarán como cómplice de su propia destrucción.

Si usted está pensando que los conflictos afectan a todo matrimonio, tengo que darle la razón. Aun observando mi propio matrimonio tengo bases para apoyar su pensamiento. Los conflictos son necesarios. Es así como ventilamos nuestros resentimientos y frustraciones. La gran diferencia entre una relación saludable y una relación conyugal abusiva es que los primeros saben manejar sus conflictos, mientras que quienes abusan han aprendido y elegido un camino no saludable para solucionarlos. En las relaciones saludables las confrontaciones llevan al perdón y al acercamiento. Ellas aumentan la autoestima de los cónyuges y les permiten ser lo que son. En las relaciones inapropiadas los conflictos producen gran dolor, enojo, ira, angustia, heridas y resentimientos que persisten hasta la próxima disputa. Todos los conflictos no resueltos se van acumulando y creando un sentimiento de desesperación.

Debido a que existen diferentes tipos de abuso, esta lista de evaluación no alcanza a cubrirlos todos. Sin embargo, ayuda a hacer una evaluación general de las situaciones más peligrosas.

Esta evaluación puede ser realizada en forma personal o puede compartirla con alguien de absoluta confianza que conoce su situación y puede apoyarle en la búsqueda de ayuda. Si la palabra «FRECUENTEMENTE» es la que más se repite, es indispensable que busque asesoría lo antes posible. El asesoramiento no es una opción sino una obligación en su situación.

Investigación de los recursos de que se disponen

Una vez que ha determinado que existe abuso en su relación conyugal debe iniciar la preparación para la acción. Nada cambiará si solamente dictamina que algo anda mal y no da los pasos para corregirlo.

Recursos en su país

Es necesario que haga una investigación de los recursos de ayuda que hay disponibles en su localidad. En los Estados Unidos, a diferencia de muchos países Latinoamericanos, existen suficientes recursos disponibles para que toda mujer que sigue el procedimiento apropiado y que tiene la actitud adecuada se libere de la situación de abuso que experimenta.

Debido a que en cada país los recursos son distintos, el siguiente paso será realizar una investigación sobre la ayuda que está a su disposición en su ciudad y país. Para dar este paso con rapidez y con la mayor discreción posible, si es que lo que usted está haciendo su cónyuge puede interpretarlo como una amenaza, puede ayudarle una trabajadora social, un consejero, un pastor o un familiar que sabe actuar con sabiduría y que es capaz de guardar confidencias.

Las acciones ocultas a los ojos del abusador no son una traición, sino una protección necesaria

He descubierto que quienes están siendo objeto de abuso tienen serias dificultades para iniciar el proceso de investigación. Existen muchos temores e inhibiciones que le obstaculizan actuar libremente a una persona. Incluso, algunas se sienten culpables. Muchas mujeres creen que están traicionando a su esposo por hacer algo a sus espaldas. De ninguna manera el acto de investigación de los recursos disponibles para salir de la situación de abuso es un acto de traición, más bien es una acción necesaria para la sobrevivencia. Es un acto de sabiduría que le ayudará a prevenir consecuencias mucho más destructivas. Usted sabe muy bien que su intención no es destruir su familia ni terminar con su matrimonio. Usted sabe que necesita ayuda y que en lo más profundo de su corazón existe el deseo de tener un matrimonio saludable. Generalmente quien inicia este proceso de investigación tiene la intención de encontrar una salida y terminar con el abuso y la violencia.

Usted no tiene que ganarse el derecho a consultar con otra persona que tiene la capacidad de ayudarle. Ese es su derecho y a la vez su obligación cuando están en peligro su integridad y la de sus hijos.

¿Qué haría usted si su hijo quedara atrapado en una casa que se esta incendiando? Seguramente no dudaría en romper los vidrios y entrar a la fuerza. Ese es un acto de sobrevivencia que nos exige salirnos de las costumbres y romper las normas tradicionales. Usted no acostumbra entrar a la casa rompiendo la puerta o los vidrios, pero esta es una obligación debido a la emergencia y el peligro que existe. De la misma manera creo que es obligación de toda mujer que es testigo u objeto del abuso que haga una sabia evaluación de su situación, determine si está en lo correcto y luego busque los recursos disponibles que le permitan salir de la situación que vive. Note que no dije que buscar una salida sea una opción sino una obligación.

Posibles organizaciones disponibles

Con el propósito de orientarle en esta importante decisión, a continuación presento una lista de instituciones cuya existencia debe ser verificada. Es su responsabilidad investigar si las mismas están disponibles en su localidad. Los nombres no están en orden de importancia, pero le dará una guía de los grupos de apoyo con que podrá contar en la comunidad en que vive y los pasos que puede seguir.

1. Grupos de apoyo para la mujer maltratada

En muchos lugares existen grupos de mujeres que se reúnen periódicamente para descubrir formas de ayudarse mutuamente a enfrentar los conflictos que viven. Así como existen grupos de alcohólicos anónimos, también existen grupos de ayuda para la mujer maltratada. Usted debe asistir a una reunión con personas que han vivido o están viviendo la misma experiencia. Debe tener amistad con personas que están en proceso de manejar, o ya están manejando la situación. Estas no solo le prestarán el apoyo emocional necesario, sino que el mismo hecho de escuchar relatos de casos similares a los que usted experimenta le dará información valiosa para determinar cuáles son los pasos que usted debe seguir.

2. Servicio de protección a la mujer o al niño

En la mayoría de los países existen organismos gubernamentales que trabajan con la mujer y los niños y que pueden dar información sobre los pasos y recursos disponibles. Este es un servicio que le facilitará ponerse en contacto con las instituciones o personas con la capacidad profesional y que constantemente atienden casos como el suyo.

3. Casas de emergencias para recibir a mujeres maltratadas

Si existen casas gubernamentales o privadas que se dediquen a la protección de la mujer en peligro, es importante utilizar ese recurso. Ellos generalmente tratan con los problemas más difíciles de violencia familiar. Mayormente estas oficinas trabajan en forma estrictamente confidencial. Debido a que cada organización tiene diferentes filosofías y métodos de operación, es necesario que usted investigue algunas de ellas para saber dónde siente que tiene mayor seguridad. Investigue cuál es la que ofrece una verdadera orientación familiar y que busca una solución integral tomando en cuenta aspectos espirituales. Si usted todavía no se encuentra en una situación de peligro y de ataques violentos, podría investigar sobre la ubicación de estas casas por si necesita usarlas en el futuro si la situación empeora. Pero si la situación es urgente, está experimentando violencia y debe correr lo antes posible para salvar su vida, busque cualquier lugar que le brinde protección, luego tendrá tiempo para preocuparse de la filosofía.

4. Trabajadora social

Este es uno de los recursos más comunes en la mayoría de los países. Una trabajadora o visitadora social está preparada para orientarle y puede ser muy útil para informarle de sus responsabilidades y derechos. Debido a que usualmente trata con estos casos, puede brindarle valiosas sugerencias.

5. Una iglesia con programa de ayuda a la mujer maltratada

No son muy comunes, pero existen algunas congregaciones que tienen un programa de ayuda para estos casos y también una lista de recursos o materiales que ofrecer. No cualquier congregación tiene los líderes con la capacidad de prestar este servicio. No olvide que se necesitan personas con la instrucción necesaria para poder apoyarla profesionalmente. Lamentablemente no existen muchas congregaciones con programas de ayuda a la mujer maltratada.

6. Un ministro

Todo ministro trata constantemente con estos conflictos y a pesar de que no necesariamente es un consejero profesional, por lo menos estará dispuesto a ayudar con ciertos consejos que tienen como finalidad el bienestar suyo y el de su familia. Usted debe entender que los ministros no lo saben todo, pero busque uno que si no tiene la capacidad profesional para tratar casos de violencia, por lo menos sepa referirle a las personas apropiadas.

Si usted se encuentra con un ministro que le motiva a permanecer impávida y actuar solo con paciencia en la situación de peligro en que usted vive, es muy posible que esté frente a una persona que tiende a espiritualizar los problemas y no confrontarlos con sabiduría, por lo tanto, busque a alguien que incluya los elementos espirituales pero también le de directrices prácticas de cómo confrontar la violencia. La violencia en el hogar no es un asunto que se soluciona solamente con medios espirituales ignorando la responsabilidad que tiene la persona afectada de actuar debidamente.

7. Un familiar o amiga cercana que haya demostrado madurez

Si bien es cierto que los familiares o amigos no tienen la capacidad profesional de brindar la instrucción apropiada, por lo menos puede contar con una persona que le apoye para que no se sienta sola en este duro proceso. No siempre los consejos de los amigos o familiares son los más apropiados debido a la falta de preparación. Sin embargo, si sabe guardar confidencias, si es una persona madura y con una buena orientación espiritual, y si sabe recomendarle a otra persona cuando no tenga la capacidad de ayudarle, puede ser una gran fuente de apoyo o por lo menos servirle de compañía al caminar por este proceso.

8. Organizaciones de ayuda a la familia

Existen algunas organizaciones misioneras internacionales que tienen algún personal capacitado para dar orientación y allí podrá recibir sugerencias. También puede comunicarse con ellas por escrito y una simple carta puede entregarle ideas y consejos o palabras de ánimo que son indispensables para sentirse apoyada y tomar las decisiones que son tan radicales. Incluso puede escribirles formulando sus consultas.

Determinación de los pasos a seguir

Quien ya está buscando la información y la ayuda profesional ha dado un gran paso, pero todavía no termina su peregrinaje. Se necesita valor y determinación para buscar la ayuda de un consejero, pero se necesita mucho más junto a los asesores para establecer los pasos a seguir y aun más para cumplir con las obligaciones necesarias. El solo hecho de buscar ayuda puede provocar un nuevo ataque del agresor y ese temor paraliza a muchas mujeres. Sin embargo, algunas que notan que el peligro va en aumento, no solo para ellas sino también para sus hijos, deciden tomar acciones drásticas y desafiar cualquier riesgo.

En mis sesiones de asesoramiento he descubierto que algunas personas que tienen un gran compromiso de vivir en familia muchas veces equivocan su estrategia. Esa determinación a luchar por la permanencia de la familia les ha conducido a una actitud de permisividad. En su afán de mantener lo que ellos llaman familia permiten el abuso y pasan años en compañía de alguien que los está destruyendo emocional, física y verbalmente.

Cuando el amor no es amor

Tristemente la mayoría de las mujeres que se encuentran siendo objeto de violencia han permitido un largo proceso. Mariana había sufrido por más de tres años de abusos permanentes. Sin embargo, aun en medio de su dolor y con ansias de detener la violencia me decía: «David, yo amo a mi esposo. Hace tiempo que he pensado que debía dejarlo pero lo amo y no puedo hacerlo». Mariana no tenía un adecuado concepto del amor y por eso tenía serias dificultades para aceptar que debía confrontar la situación. El amor no significa de ninguna manera la aceptación de cualquier trato. Al contrario, el amor debe confrontar los actos erróneos. Una esposa nunca debería permitir que su cónyuge actúe con violencia. Confrontar ese estilo de vida es obligación de la mujer, sobre todo tan pronto identifique las primeras muestras de comportamiento abusivo. Si alguien decide esperar por mucho tiempo, el único camino hacia la seguridad física y emocional será la separación. Ciertamente la separación es mejor que la destrucción.

Aun cuando la mujer se da cuenta del peligro en que está viviendo, existe un paso gigantesco entre el pensar hacer algo y llevarlo a la práctica. Por eso buscar ayuda es indispensable.

Terminar con el abuso no es una opción
sino una obligacion

En mi intento de ayudar he creado una guía para que las personas reciban orientación acerca de los pasos que son necesarios y cómo usar los medios disponibles para confrontar el abuso. En algunos casos es posible terminar el abuso cuando el abusador es confrontado con sabiduría y consistencia y cuando la persona víctima de la violencia tiene el apoyo, las herramientas y el conocimiento necesario para confrontarlo. En otros casos la única forma de terminar con el abuso es la separación. Sin embargo, le repito que creo es deber de toda persona terminar con todo abuso comprobado. Es obligación de toda persona que ama a Dios y a su familia y que tiene el carácter y el conocimiento necesario impedir que continúe la violencia. Si no está capacitada para luchar contra ella es obligación y no opción, el buscar orientación y apoyo para impedir los abusos.

La meta que tengo al dar estas sugerencias no es que termine con su matrimonio, sino que termine con el abuso, aunque a veces la consecuencia es la separación temporal o definitiva, ya que existe una relación matrimonial no saludable que pone en peligro la integridad física y emocional de todos los miembros de la familia.

TERCERA PARTE

El abecedario para la mujer maltratada

Admita que necesita ayuda

El primer paso de todo proceso de cambio es la admisión de su realidad y para ello necesita investigarla. Para poder admitir que necesita ayuda es necesario que haga primero una profunda evaluación de dónde se encuentra. Cerca de mi casa está ubicado un gran centro comercial. Debido a que tiene decenas de negocios, en algunas entradas existe un mapa que incluye los nombres y la ubicación de los locales comerciales. Ese mapa no podría cumplir la función de guiarme hacia el lugar donde debo dirigirme si no me da la posibilidad de saber dónde me encuentro. Por eso los diseñadores ponen un punto visible y una nota que dice: «Usted se encuentra aquí». Es que no es posible saber cómo dirigirnos al lugar que queremos llegar si no sabemos dónde nos encontramos. La decisión de seguir determinados pasos para llegar a un destino y el deseo de seguir las instrucciones, tienen que juntarse con el conocimiento del lugar donde usted se encuentra. Parece una tarea fácil, pero la mayoría de las mujeres maltratadas ni siquiera tienen la capacidad de admitir que son abusadas. Algunas de ellas piensan que eso es lo normal, tienen temor de salir de lo conocido por malo que sea o se han acostumbrado a vivir de esa manera. Esa es la razón por la que no espero que al inicio admita el problema, pero anhelo que en medio de su dolor, por lo menos admita que existe algo que le está provocando esas heridas que duelen tan profundamente. Quiero que admita que ustedes como matrimonio no pueden encontrar la solución. La lógica indica que si pudieran hacerlo no se encontrarían en el problema en que se hayan.

Le ruego que piense por un momento en su situación. Si su evaluación concluye que siente incertidumbre, temor, dolor, confusión y angustia entonces está admitiendo que no es una relación normal. No importa cuánto tiempo haya vivido de esa manera y

cuánta capacidad de resistencia tenga en el momento, las eviden-
cias demuestran que su relación no es saludable. Recuerde que con
el paso del tiempo, debido a tanto golpe emocional que ha recibido,
ha creado fortalezas. Estos son mecanismos de defensa que le han
permitido la sobrevivencia y la han endurecido. Su mente ha fun-
cionado de la misma manera que funcionaría su mano si estuviera
expuesta a constantes choques o roces. La piel de su mano crearía
una callosidad que le permitiría defenderse del constante maltrato.
Sin embargo, junto con la piel dura también se crea cierta insensibilidad. Lo mismo ha ocurrido en su vida emocional. Para defenderse
del maltrato ha creado defensas que no solo le hacen resistir el ataque, sino que también le hacen insensible. Es importante que admita que necesita ayuda, que esa no es la forma de vivir. Es importante que admita que ese no es el plan Divino para el matrimonio.

Busque las razones del porqué no ha confrontado el asunto

Si usted no se encuentra contenta con su relación conyugal y
le está produciendo muchas heridas y a pesar de ello no ha buscado
la ayuda que necesita y en la forma apropiada, seguramente existen
razones para ello. Es muy posible que esta actitud de tolerancia hacia la violencia se haya aprendido. Cuando nuestras circunstancias
hogareñas están matizadas por experiencias desagradables o dolorosas, nos defendemos de ellas prometiéndonos que cuando llegue-
mos a adultos haremos las cosas mejor que nuestros padres. Sin embargo, como solo sabemos lo que hemos aprendido de niños,
cuando llegamos a la edad adulta seguimos buscando experiencias
y relaciones que se asemejan a las que vivimos. Por eso, a pesar de
nuestras heroicas determinaciones de hacer las cosas de otra manera, frecuentemente terminamos repitiendo las situaciones y relaciones de nuestra niñez.

De tal palo tal astilla

Graciela fue testigo de cómo su padre manejaba a su madre.
Un incidente que recordaba con mucha claridad era cuando su

padre lleno de ira le gritaba mientras tiraba las cosas que estaban sobre la mesa porque su madre no había cumplido con alguna obligación. Ella observaba cómo su madre, temblando y llorando, se limitaba a hacer lo que su padre le decía. Nunca intentó defenderse. Después solía quejarse y le comentaba cuán desdichada era. Ella recuerda que su madre hablaba con otras personas de su congregación y se enorgullecía de su paciencia y de su dependencia de Dios. Muchas veces aconsejó a otras mujeres que esperaran la liberación de Dios, pero en varias oportunidades cuando estaban solas y después de un maltrato, su madre lloraba admitiendo su angustia y diciéndole que no podía hacer nada al respecto, a pesar de que comprendía mucho sus temores con respecto al futuro.

Ese incidente, y muchos otros, entregaban el mensaje de que la única manera de afrontar la agresión de los hombres era sometiéndose y cediendo. El comportamiento de su madre le decía que la mujer que ama a Dios debe callar y someterse. El comportamiento de su padre le decía que a los hombres les está permitido actuar como les da la gana y que las mujeres tienen que aguantar. El mensaje que recibía la niña era que una mujer debe tolerar cualquier acto del hombre con tal de aferrarse a él. Esa niña aprendió que el mundo es un lugar que inspira temor a una mujer que no tiene un hombre a su lado, que las mujeres son desvalidas, que dependen totalmente de los hombres, y que son estos quienes tienen todo el poder en las relaciones conyugales. Esa niña aprendió que una mujer debe tener una relación con un hombre a cualquier precio, incluso si ese precio es su propia dignidad. Al escuchar su historia no me extraña que Graciela viviera humillada y fuese una dependiente emocional y económica de su marido.

Yo no sé cuál es la razón o las razones que le mueven a usted a permanecer por tanto tiempo en medio de la violencia. Pero estoy seguro que existen algunas. Es muy posible que el temor esté inundando su corazón y por eso no puede tomar la decisión de confrontar el problema. En las relaciones conyugales el miedo opera en diferentes niveles. No todas las personas sienten lo mismo ni todos temen a lo mismo.

En primer lugar podemos decir que existen temores relacionados con las responsabilidades que se adquieren. Es tener miedo a afrontar sola los problemas financieros y convertirse en la única persona encargada de proveer para su familia. Este temor es más grave cuando la víctima nunca ha trabajado y mucho más cuando le agrega el hecho de que la edad dificultaría enormemente el poder autosostenerse. Este no solo es un temor que paraliza a la personas con pocos recursos económicos, puede tener el mismo efecto entre mujeres que se han acostumbrado a vivir en medio de la abundancia. Ellas tienen miedo de perder ese *estatus* social y económico que le han otorgado sus maridos. Muchas prefieren vender su paz por una condición económica estable.

En segundo lugar mencionaré el miedo a las reacciones.

Muchos de los abusadores han manejado su relación a base de golpes, gritos, insultos y maltratos. Quien desea confrontar el problema sabe a ciencia cierta que cualquier intento de confrontación provocará en ellas mismas una confusión de sentimientos. Rebeca mencionaba que cuando su esposo estaba de mal humor, ella comenzaba a sentir una ansiedad muy grande. Poco a poco comenzaba a sudar y sentía que sus piernas se debilitaban. Cuando este comenzaba a gritar, sentía una profunda angustia, el temor la invadía. Ella lo describía como terror. Ese miedo que las inmoviliza es muy común en las mujeres que conviven con un hombre así. La mujer ha experimentado tantas veces aquello que tienen temor a que se vuelva a repetir, sobre todo si ella comunica su intención de alejarse.

Muchas mujeres son manipuladas también por el temor de lo que su cónyuge se pueda hacer a sí mismo. Frecuentemente los hombres amenazan con autodestruirse o las personas que han tenido o tienen ciertas adiciones generalmente caen en profundos estados depresivos que le llevan a depender más del alcohol o de las drogas. Las mujeres tienen temor de que eso ocurra. Ellas creen que con su humillación pueden evitar más drogas, alcohol o violencia.

En tercer lugar las mujeres tienen temor de lo que su cónyuge pueda hacerles. Los abusadores tienen paralizadas a sus víctimas porque han utilizado las armas efectivas. Ellos inspiran muchísimo temor cuando se enojan y siempre existe el miedo de que descarguen su ira por medio de la agresión física aunque nunca las hayan golpeado.

Para no tener que vivir con esa situación tan dolorosa y para no enfrentar ese miedo, muchas comienzan más bien a maniobrar sicológicamente. Algunas evitan pensar que su esposo es cruel y malvado y se «programan» para pensar que las aman, pero que está equivocado. Allí comienza una lucha con su propia imagen para poder cambiar la percepción que tiene de él y por eso algunas llegan a convencerse de que merecen que él las maltrate o que existen razones para hacerlo.

Otra razón que algunas mujeres tienen para no abandonar el abuso son sus creencias equivocadas. Existen concepciones religiosas erróneas. Si alguna religión ha confundido los conceptos de sumisión con el sometimiento abusivo de la mujer, y ha enseñado que la sumisión permite aceptar cualquier trato de su cónyuge, esa enseñanza deja una profunda marca en la vida de la persona. Esos conceptos erróneos tienen una gran influencia en la decisión de permanecer en medio de la violencia. Cuando los líderes religiosos enseñan la autoridad y la llevan a los extremos en que permiten el autoritarismo, están «programando» a la persona para que acepte el maltrato y la violencia. Debido a que toda persona busca una religión con el propósito de recibir orientación para mejorar su relación con Dios, las enseñanzas de los líderes son normativas. Por eso, quienes reciben estas enseñanzas están convencidos de que lo que hacen es correcto e incluso bueno delante de Dios.

También existen creencias culturales erróneas. La sociedad ha permitido el machismo y lamentablemente muchos hombres han sido preparados para convertirse en machistas y la mayoría de las mujeres para aceptar determinados comportamientos típicos de este proceder. Debido a que el abuso y el maltrato verbal, físico y emocional del hombre hacia la mujer es muy común, algunas piensan que ese es el sistema normal de vida. Por lo menos muchas creen que todos los hombres son iguales. Incluso algunas madres han enseñado a sus hijas que todos los hombres en algún momento son adúlteros o tratan groseramente a sus esposas, pero también que ellos pronto aprenderán. Estas mujeres piensan que el estar con uno o con otro, no cambiaría la situación.

También existen erróneas creencias familiares. Debido a que algunas mujeres se criaron en hogares donde existió abuso, muchas veces son presionadas, especialmente por las madres, a aceptar esa condición. Cuando las madres comparan las condiciones en las que ellas vivieron con las que rodean a sus hijas, creen que estas están mejor, solo porque no están experimentando tanto abuso como el que ellas sufrieron. Su consejo muchas veces es: «Todos los hombres hacen eso, tienes que tener paciencia y seguir, algún día él cambiará». Incluso muchas veces la familia se opone a que la mujer abandone al abusador o las mismas mujeres víctimas del maltrato tienen temor de las críticas y la vergüenza por haber terminado su relación conyugal.

Clasifique sus sentimientos

Las emociones son fuerzas muy poderosas dentro de la mente humana. Ellas juegan un papel muy importante pero no podemos hacer frente a la vida solo con sentimientos. Estos a veces son efímeros, indignos de nuestra confianza e ineficaces. Por otro lado, también cometemos un error si minimizamos el impacto de los sentimientos en el carácter humano. Los médicos pasan mucho tiempo tratando de convencer a la gente de que los diagnósticos que ellos mismos se hacen no son los correctos y que mucho de los síntomas son imaginarios y muchas de las razones de sus enfermedades son sicosomáticas. Ellos están en lo correcto porque las emociones son cambiantes y quien está sufriendo problemas emocionales no está capacitado para determinar cuál es su problema.

Creo que algo importante es aprender a vivir en un equilibrio emocional. No podemos dar rienda suelta a nuestras emociones o ser guiados por nuestros sentimientos. Pero tampoco debemos ignorarlos. Sentirse triste y amargada por el estado de la relación conyugal no es malo. Es bueno, es necesario y es indispensable tomar en cuenta esos sentimientos. Por otra parte, si alguien dice que «no puede ser malo porque te sientes muy bien al hacerlo», no está realizando una declaración verdadera. Por ello creo que es muy importante que haga una clasificación de los sentimientos que experimenta por la situación que vive. Haga una lista de lo que está sintiendo. Le menciono algunas como ejemplo: culpa, vergüenza, resentimiento, ira, angustia, etc. Enfoquémonos por un momento en la culpa.

Hay muy pocas emociones humanas que causan tanto dolor como los sentimientos de culpabilidad. La autocondenación roe la conciencia de la persona. Hay mujeres que viven como víctimas atormentadas de un sentimiento de culpa. Los hospitales están llenos de personas con este tipo de pacientes que no han podido hacerle frente a la vida. Los sentimientos de culpa no son malos, cuando son genuinos. Sin embargo, es erróneo pensar que debido a que el sentimiento de culpa es un mensaje que nos llega de la conciencia y, debido a que la conciencia fue creada por Dios, todos los sentimientos de culpa son mensajes de desaprobación por parte de Dios. Hay sentimientos de culpa inspirados por Dios, pero hay otros que nacen de nuestra errónea concepción de la vida. Esa es la razón por la que podemos tener sentimientos de culpa aun cuando hemos hecho todo lo correcto y las cosas resultaron con indeseables consecuencias. Uno puede sentirse culpable a pesar de ser inocente delante de Dios, porque la ausencia de culpa no significa que somos intachables delante de nuestro Creador. Hay personas malvadas que parecen no tener sentimientos de culpa por sus acciones. Hay personas buenas que hicieron el bien y tienen sentimientos de culpa debido a que algo salió mal porque no tienen un buen concepto del amor genuino. La culpa es una expresión de la conciencia que es producto de nuestras emociones. Es un sentimiento de desaprobación. Este sentimiento fue enviado a nuestra mente influenciado por los valores que tenemos. Los valores revisan nuestras acciones y actitudes y entonces envían sentimientos de culpa a nuestra mente. Pero si nuestros valores son equivocados, si tenemos preconcepciones erróneas con respecto a cómo debemos proceder, obviamente los sentimientos de culpa serán erróneos. Debido a que nuestros valores han sido adquiridos a través de nuestra experiencia en la vida y las enseñanzas recibidas, estos son distintos, así como distintas somos las personas y distinta la formación y experiencias que hemos tenido. Por lo tanto el juicio final sobre lo que es culpa o no, debe basarse en los estándares de la Palabra de Dios bien interpretada y no en los pensamientos humanos. Antes de aceptar nuestros sentimientos de culpa como una declaración de desaprobación o aprobación divina, debe pasar por tres filtros. El primero es un filtro emocional. Tengo que preguntarme qué es lo que siento. El segundo es un filtro intelectual. La pregunta es la siguiente: ¿Es razonable y bíblico? Y el tercer filtro debe observar el área volitiva, es decir debo ver cuál era mi intención, qué es lo que intento hacer.

Es necesario observar otros sentimientos. Por ejemplo, el amor. ¿Estoy amando verdaderamente? ¿Es amor o pasión lo que siento? ¿Es amor permitir lo que la persona hace? ¿Puede el amor genuino permitir la violencia? ¿Es amor evitar las consecuencias a quien está actuando erróneamente? ¿Es amor no exhortar a quien nos está destruyendo? ¿Elimina el amor la justicia? Tristemente existen muchas personas con conceptos equivocados del amor y por eso permiten lo que nunca el amor genuino permite o hacen lo que quien ama nunca haría.

Otro de los sentimientos que puede estar experimentando la persona es el sentimiento de ira y hay preguntas que uno tiene que hacerse. ¿Es malo sentir ira? ¿Existe un lugar para la expresión de nuestros enojos? ¿Es malo que alguien que ama sienta ira por la violencia? ¿Es toda ira pecaminosa? ¿Cómo puedo manejar mis sentimientos negativos sin violar los principios divinos? ¿Cómo puedo expresar mis sentimientos? ¿Es correcto que la persona esté molesta por lo que ocurre?

Decida buscar el apoyo necesario

A pesar del encierro voluntario consciente o inconsciente que ha experimentado, o a pesar del encierro obligado que ha tenido que vivir, le aseguro que sí es posible encontrar personas dispuestas a ayudarle. Estoy convencido que es difícil confiar en otros seres humanos, sobre todo cuando aquel que se suponía que debía amarla, cuidarla y protegerla ha abusado de usted, pero eso no significa que no exista nadie que esté capacitado para ayudarle. Si no puede ir directamente a un consejero, si no existe uno disponible, busque por lo menos una persona que le brinde más confianza. Usted necesita conversar con alguien y sentirse apoyada, aunque por cierto, existen límites en lo que una persona no profesional puede hacer por usted en un problema tan complicado, pero nadie podrá ayudarle a menos que se enteren de que usted necesita ayuda. Debe tener una persona o personas con quienes hablar sobre el proceso que está viviendo. Que le acompañen en algunos de los pasos más sencillos. Alguien puede cuidar de sus hijos mientras busca ayuda, alguien puede acompañarle a un médico o un abogado. Encerrarse en su mundo elimina todas las posibilidades de ayuda.

Elija asesoría profesional

Después de conseguir a alguien que le apoye en su decisión de salir del abuso que experimenta, y sea que consiga o no el apoyo necesario, usted debe buscar asesoría de personas capacitadas. Una persona que está viviendo en medio del abuso necesita orientación. Emocionalmente puede recibir ayuda de alguien que entienda los conflictos de la mente, de las emociones. Recuerde que su problema requiere mucho más que la buena voluntad y el amor de personas no expertas. Entienda que está viviendo serias presiones sicológicas y por lo tanto necesita asesoría. Debe entender que existen serios conflictos espirituales, sobre todo si usted es una persona que intenta agradar a Dios y que ha sido practicante de una religión. Existen conceptos vertidos por sus ministros que pueden prepararle para que siga soportando el abuso en vez de ayudarle a tomar la determinación de confrontarlo, pero por otro lado, también existen ministros preparados para ayudarle profesionalmente o consejeros, médicos, abogados, sicólogos o siquiatras que cumplen un papel fundamental dentro de su especialización. Por eso necesita orientación espiritual sabia y apropiada y orientación profesional especializada.

Facilite toda la información

Es muy importante que las personas que le van a ayudar reciban toda la información de lo que ha vivido. No olvide que es necesario hacer un diagnóstico de la situación en que se encuentra y para ello, es indispensable recibir todos los detalles con respecto al abuso que ha experimentado y a las relaciones interpersonales que ha tenido. Si usted esconde información, no permite que quien le va a asesorar tenga a su disposición todos los elementos necesarios para dictaminar un juicio apropiado y dar las sugerencias necesarias. Manifieste a quien le asesorará lo que ha pensado, lo que ha sentido sobre usted, sobre su esposo, sobre sus hijos, sobre su situación. Provea información con respecto a sus sentimientos, a sus temores y a su economía. Con respecto a su futuro, a su presente. No guarde nada, cuente todo a la persona indicada.

Guarde el secreto sabiamente

Esto puede parecer una contradicción a mi punto anterior, pero es el otro lado de la moneda. Usted ha notado que mis sugerencias han sido que busque personas de real confianza para encontrar apoyo y a personas profesionales para recibir la orientación. Pero no debe cometer el error de comentar todos los pasos que está dando con todas las personas. Estará amenazando el procedimiento y aun su propia vida si difunde información que tarde o temprano llegará a su cónyuge violento.

No solamente su cónyuge no está preparado para ayudarla, tampoco lo están la mayoría de las personas. Incluso personas que le quieren y desean lo mejor para usted, no tienen la sabiduría, capacidad o preparación para ayudarle. Debe entender que su caso está fuera del alcance del consejo o las sugerencias bien intencionadas de personas no calificadas. Puede tener excelentes amigas con grandes deseos de ayudar, pero su caso necesita de asesoría profesional.

No es saludable seguir las indicaciones de todas las personas aunque hayan tenido un caso similar. Seguir el consejo de lo que funcionó o no para otra persona es como tomar las medicinas que fueron recetadas y funcionaron en otro enfermo, solamente porque tiene síntomas similares. Guarde el secreto, no comparta su situación ni los pasos que está llevando a cabo con todas las personas.

Haga un plan de acción

Es necesario determinar cuál es el plan que va a seguir. Salir de una situación de abuso requiere de un plan bien pensado, no olvide que va a haber un punto de rompimiento. Esa decisión es una amenaza para quien ha tenido el control sobre su vida, creará una crisis y por lo tanto debe tener un plan que le ayude a seguir todos los pasos en orden. La decisión de terminar una relación conyugal nunca es fácil ni sencilla, siempre hay muchas cosas que atender y por lo tanto la organización es una herramienta muy importante. Permítame recordarle algunas cosas que considero muy importantes:

- Cuando existen temores, un plan de acción nos ayuda a eliminarlos o apaciguarlos.
- No conocemos las reacciones de la persona que está siendo confrontada y un plan de acción le ayudará a tener a su alcance las herramientas que necesitará.
- La confrontación de una persona que ha ejercido dominio y que ha tenido el control de su vida requerirá de cambios muy grandes en muchos aspectos y hay que tener un plan de acción para poder llevar a cabo esos cambios que son indispensables para salir del abuso.
- Muchas personas de una u otra manera tratarán de influenciar en su decisión y tiene que tener un plan para poder mantenerse enfocada en las metas que quiere conseguir.
- Recibirá muchas sugerencias de quienes llegarán a notar lo que usted está haciendo, pero debe tener un plan que le ayude a seguir el consejo profesional que ha recibido. Los planes proveen de un sentimiento de orden y dan una estructura a lo que de otra manera pudiera ser un caos. Los planes nos entregan un mapa para lograr nuestro propósito. Cada persona de acuerdo a su circunstancia, y bajo el asesoramiento de un profesional, debe tener un plan de acción que se ajuste a su necesidad y a su propia situación. Sus planes deben involucrar asuntos de su hogar, de sus hijos, de su propia persona, de los conflictos que enfrentará, de la soledad que sentirá, de las emociones que experimentará, de los cambios de planes

que realizará y las personas a quienes recurrirá si es necesario.

Informe constantemente a su consejero

He insistido en la importancia de tener asesoría profesional y de proveer la información a quien le está ayudando en forma abierta y honesta. Durante todo el proceso debe informar constantemente a su asesor. No debe limitarlo solamente a la información que le entregó al inicio de este proceso de confrontación. Vaya consultando durante todo el desarrollo del mismo, no se quede con ninguna duda. Cuando estas se inician y se guardan, comienzan a desviar su atención y a minar su propósito. Una duda no es mala, es simplemente la motivación para asegurarse que está en lo correcto. Cuando dude, consulte. Hay personas que buscan asesoramiento, reciben el plan, la orientación necesaria y luego quieren continuar caminando solas y dañan el plan del consejero. Usted no haría lo mismo si intenta arreglar su automóvil descompuesto. Si lo lleva al mecánico y se inicia la reparación usted no interviene a la mitad del proceso para seguir haciendo las cosas a su manera. No intente hacerse cargo de un proceso para el que no está preparada.

Es indispensable seguir consultando hasta el final porque es un proceso difícil donde constantemente aparecen cosas nuevas. Usted debe informar constantemente de lo que va ocurriendo como resultado de las acciones que va tomando, las reacciones de las personas confrontadas, así como las consecuencias que está viviendo debido a su cambio de comportamiento.

Jamás se adelante

Con esto quiero decir que jamás dé otro paso si no ha dado bien el anterior. Aquí debo compartir con ustedes una palabra de equilibrio. Debido a que salir de una situación de abuso es difícil y a que tenemos un plan, necesitamos llevarlo a cabo paso a paso. En cada uno de ellos se requiere algo. La persona tiene que estar lista y tener la información apropiada sobre lo que debe hacer. La persona también debe estar emocionalmente preparada para realizar lo que se le ha recomendado. Por eso esta combinación es importante. Es necesario tener el conocimiento de lo que debe hacer en cada paso, pero también debe tener la capacidad de darlo. Hay que tener cuidado de no dar pasos muy cortos porque el proceso demorará demasiado y la persona perderá interés o no logrará su objetivo. También debe evitarse dar pasos muy grandes. Si la persona no está preparada se sentirá bajo una seria presión y por la frustración de no poder lograrlo querrá volver atrás. Los pasos deben ser de acuerdo a la capacidad de la persona y del conocimiento que esta tiene.

Kamikaze: complejo suicida

En numerosas ocasiones he detectado que algunas personas que intentan salir de una situación de abuso, tienen la tendencia a convertirse en una víctima. Algunas han aguantado el dolor y la angustia que produce el maltrato porque tienen un complejo de mártir.

Kamikaze es el apelativo que se le dio a los japoneses suicidas que durante la segunda guerra mundial se lanzaban con sus aviones cargados de explosivos contra los barcos enemigos. Ellos estaban dispuestos a perder la vida con el propósito de salvar su nación.

Algunas víctimas de abuso tienen el mismo complejo. Ellas han estado sufriendo por mucho tiempo y con la mejor intención de proteger su familia prefieren convertirse en las víctimas de la destrucción. Ellas creen que soportando la violencia con humildad podrán mantenerse en el grado en que se encuentran y poder así evitar que su matrimonio se destruya. Quienes creen que es saludable permitir su destrucción con el fin de salvar su relación conyugal, o por evitar que los niños, según ellas, no sufran por vivir sin su padre, solamente están contribuyendo a la destrucción, no solo de su matrimonio, sino de su familia.

Libérese de sus conceptos erróneos

Con esto me refiero a sacar de la mente aquellos conceptos, esas ideas que se han formado en nuestro entendimiento como producto de las influencias que hemos tenido. Muchas veces esos conceptos impiden que la persona se mantenga en la determinación sabia de salir de la violencia. Esas influencias producen serias presiones a mantener el *estatus* de violencia. Algunas personas han permanecido en una relación de abuso porque lo han aprendido de la cultura o la sociedad que le ha informado que eso es lo normal en la relación entre un hombre y una mujer.

La sociedad ha apoyado, consciente o inconscientemente, la idea de que las niñas son de alguna manera inferiores a los muchachos. Incluso se ha dado la idea de que las niñas no saben cuidarse por sí solas y que necesitan de los hombres para todo.

También existen conceptos o prácticas familiares erróneas. Hay padres que han enseñado a sus hijos que todo matrimonio ha practicado alguna vez la violencia, pero si se permanece con paciencia, todo cambiará. La realidad muestra que eso no es verdad. Más bien ese pensamiento limita a la persona porque no se siente con la libertad de tomar la determinación de confrontar su problema.

Es necesario recordar que las palabras o consejos que damos a nuestros hijos no son la mayor influencia que ellos reciben. La mayor influencia procede de nuestro comportamiento. Muchas madres creen que pueden enseñar sabiamente a sus hijas diciéndoles: «Haz lo que te digo, no lo que hago». Algunas madres han aconsejado a sus hijas que en el futuro no acepten la violencia de sus esposos, sin embargo, ellas están viviendo con maridos violentos y no han tenido la fortaleza para detener el proceso o salir de esa relación. El mensaje más fuerte no es el consejo, sino la experiencia.

No podemos ignorar la influencia de la religión en el sistema de pensamiento. Tristemente también existen conceptos religiosos erróneos. Si una congregación o un ministro ha enseñado que la labor del cónyuge es simplemente tener paciencia y soportar el dolor o el sufrimiento y que algún día Dios hará justicia, esas personas tendrán la tendencia a no confrontar su problema.

Si la religión enseña que la mujer debe aceptar el maltrato como un acto de sumisión, motivará a las mujeres a aceptar la violencia. Si se enseña el autoritarismo en vez del apropiado concepto de autoridad, la religión abre las puertas de la aceptación de la violencia.

Mantenga una buena actitud

El elegir una actitud positiva es importante. Note que dije que debe elegir. La actitud no es una emoción que sentimos sino una elección que hacemos. Algunas personas han elegido una actitud perdedora y han llenado su corazón de amargura. Para salir de la violencia debe cambiar su actitud. Usted puede salir. Existen salidas, pero debe ser apoyada y someterse a un proceso. Quiero que piense que sola no puede, pero que es posible hacerlo siguiendo los pasos y aceptando la ayuda correcta. Cuando una persona tiene una mala actitud, no solamente se hiere a sí mismo, sino que hiere a los demás. La actitud es la forma como respondemos a las personas, circunstancias o experiencias que vivimos. La actitud es la disposición de ánimo manifestada exteriormente. Lo que destruye a las personas no es el maltrato, no son las circunstancias malas que vivimos, ni los sufrimientos que experimentamos, lo que destruye es nuestra mala actitud, nuestra forma inapropiada de responder a las experiencias que vivimos o a las personas con quienes nos relacionamos. Recuerde, la actitud no es una emoción, la actitud es una elección que hacemos. Nosotros elegimos como responder. Por eso existen personas pobres, ricas, jóvenes, casadas, solteras, hombres y mujeres que están destruidos por las circunstancias que viven. Y también existen otros pobres, ricos, hombres y mujeres que no son aniquilados por las circunstancias porque han aprendido a manejarlas con una actitud apropiada y tomando acciones sabias y prudentes. A fin de enfrentar con sabiduría los actos de violencia, la persona debe tener una actitud apropiada. Debe aceptar a la otra persona, pero no su violencia. Debe rechazar la violencia con firmeza pero no con la misma violencia. Debe aceptar que no puede cambiar a la otra persona, pero sí su nivel de tolerancia y dejar de permitir el abuso.

No permita que la desvíen de sus planes

Es muy importante seguir con determinación el proceso que ha iniciado. No debe detenerse ni aceptar una interrupción hasta completarlo. No hay nada más alentador para un abusador que notar que la persona vuelve atrás en este proceso de confrontación. No hay nada que le dé más esperanzas a alguien que no quiere perder el control que convencer a la otra persona a que cambie o desvíe sus planes. En realidad un abusador está esperando la oportunidad de sacar de sus planes a quien ha iniciado el proceso de confrontación. Haga todo el esfuerzo por mantenerse con determinación cumpliendo lo que se ha trazado. No olvide que el plan desarrollado y la asesoría profesional recibida tiene metas bien claras y ha tomado en cuenta todas las cosas y las circunstancias. Por eso existe un plan desarrollado con sabiduría que solo logrará su propósito si la persona que participa lo cumple a cabalidad.

La historia del hombre está llena de relatos de angustias, sufrimientos, de problemas difíciles que resolver y quienes han logrado subsistir pese a las duras circunstancias son quienes han tenido la determinación de llevar a cabo los planes que se han trazado. Es importante terminar lo que comenzamos. La mayoría de las personas que se encuentran en una relación de maltrato son testigos de que han iniciado en muchas ocasiones planes para confrontar el problema y todo ha fallado por dar marcha atrás. No permita que nada lo saque de sus planes, siga adelante, haga los cambios que sean necesarios bajo la dirección de quien le está asesorando.

Ore permanentemente

No olvide que si usted es una persona que cree en Dios debe seguir el consejo de la Biblia y tener equilibrio. Tristemente muchas personas religiosas tienen la tendencia de irse a los extremos. Algunas creen que lo único que deben hacer es orar a Dios para que le libre de la violencia o cambie a su esposo. No se vaya al extremo de esperar que Dios haga lo que a usted le corresponde, ni de querer hacer lo que le corresponde a Él. Lo que a Él le corresponde son los milagros. Nosotros no podemos hacerlos. Ore por un milagro pero, por favor, no intente usted hacerlo. Dios ha prometido brindarnos su ayuda para que vivamos en este mundo en paz y armonía pero también ha prometido darnos de su sabiduría para cumplir nuestras responsabilidades. Él nos ha entregado a través de la Biblia directrices. Nos ha entregado un plan y las Sagradas Escrituras están llenas de consejos que nosotros debemos cumplir. Esa es nuestra responsabilidad.

Debemos orar permanentemente para recibir fuerza espiritual, para recibir la sabiduría divina y para que Dios haga los milagros que sean necesarios. Orar a Dios nos permite relacionarnos con Él y nos ayuda a poner nuestras cargas y conflictos sobre una fuerza superior a la nuestra. Durante todo el proceso manténgase en oración. Pero asímismo debemos orar para que Dios por medio del mensaje escritural, el consejo de otros cristianos capacitados y por la acción del Espíritu Santo en nuestra vida, nos de la sabiduría para confrontar con firmeza y proceder con amor. Ore para que Él intervenga y cambie al abusador, pero recuerde que no podemos manipular a Dios exigiéndole que haga lo que queremos, porque Él tampoco manipulará a nadie exigiéndole que cambie. Dios dio a todo hombre un libre albedrío, es decir, la capacidad de elegir entre el bien y el mal. Dios puede hacer un milagro, pero no trate usted de ayudarle a realizarlo.

Planifique la confrontación

Llegará el momento en el que la persona se encuentre en el clímax de la confrontación. Es el momento en que debe enfrentarse al abusador o enviarle la información de su decisión de no permitir nunca más la violencia. La confrontación no es una acción rápida y sin planificación. Se requiere tener un plan de acción, así como estar preparados física, espiritual y emocionalmente para este paso fundamental en el proceso hacia la terminación de la relación de abuso.

Cuando está en peligro la integridad física de la persona y se prevén acciones peligrosas, es mejor huir que querer enfrentarse cara a cara al abusador. No intente hacerlo. Sin embargo existen otros casos en que es posible enfrentarse finalmente al abusador. Con la ayuda de su consejero se dará cuenta cuándo es el momento oportuno para realizar la confrontación. Ya deben estar todos los elementos de apoyo en su lugar. El consejero, algún familiar o amiga de experiencia y confianza, el ministro y algún grupo de apoyo de su congregación, un abogado y la policía, si es lo aconsejable.

El clímax de la confrontación es el momento de hacer un careo. Se debe poner frente a frente con el abusador con el fin de expresar su verdad, sus sentimientos y su decisión de no permitir nunca más un trato abusivo. El careo es el ponerse resueltamente el uno frente al otro a fin de resolver un asunto desagradable.

Le repito que tenga mucho cuidado y juzgue si es mejor huir y buscar protección. En algunos casos extremos la esposa debe buscar refugio y abandonar su hogar. En ese caso la confrontación la realizarán las autoridades. En otros, la confrontación se realizará pero el cónyuge maltratado tendrá todo listo para abandonar el hogar si su cónyuge decide actuar con mayor violencia. Incluso es aconsejable que el careo se realice frente a alguna autoridad y que se recurra a una orden de restricción para evitar el acercamiento del abusador si esto fuera necesario.

También existen muchos casos en los que todavía es posible realizar la confrontación la que finalmente produce buenos resultados. El mejor e ideal de ellos es cuando el abusador decide buscar ayuda para cambiar su comportamiento y realmente cambia. En otros, la confrontación llevará a que la mujer ponga fin a la violencia sacando de la casa al abusador que no quiso cambiar su actitud o en casos extremos, huyendo.

Por supuesto que esta no es una tarea fácil. Generalmente existen dos tristes realidades. Mientras más cruel ha sido el trato del hombre abusador, más ligada a él se puede sentir la mujer. Mientras más años ha resistido el maltrato, mayor grado de dependencia ha creado. Por su renuncia a sí misma y a sus capacidades, más impotente se siente frente al mundo y no puede imaginarse que es capaz de sobrevivir sin él.

Creo que en términos generales, para realizar la confrontación, la mujer debe estar preparada para enfrentar con sabiduría su pasado. No debe estar dominada por los sentimientos erróneos que experimentaba. Debe estar libre del temor que le paralizaba, libre de la culpa que le hacía sentirse responsable de la violencia. Haber abandonado la creencia de que debe aceptarla o por lo menos de que la paciencia y la espera cambiarán al abusador.

La mujer debe tener fortaleza para enfrentar su presente. Estar segura de lo que va a hacer y tener los elementos de apoyo a su alcance. Además, debe entender con claridad que su único camino para detener la violencia es la confrontación y sentir que está lista para realizarla.

En el caso de un careo con el abusador, es mucho mejor que ella escriba exactamente las palabras que le comunicará. Debe redactar una carta de confrontación y leérsela a su esposo. Esta carta debe afirmar que la violencia y todo tipo de abuso contra usted y contra los hijos nunca será aceptado. Comunicarle que si vuelve a actuar con agresividad, serán notificadas las autoridades que han sido seleccionadas como apoyo de esta decisión.

Si después de la confrontación el abusador decide aceptar las condiciones, la mujer debe seguir con fidelidad el plan trazado. Debe inmediatamente poner en contacto a su marido con el consejero que va a ayudarle en el proceso y no ceder ninguna de las condiciones expuestas en su carta de confrontación.

Quítese la idea de que usted debe seguir dando respuestas

Una vez que ha explicado de la mejor forma cuál es su posición evite seguir dando vueltas al asunto. No siga conversando lo mismo una y otra vez. Establezca su posición, notifique su determinación y no siga contestando más preguntas, repitiendo sus planes o reiterando sus sentimientos. Puede quedar enredada en una conversación permanente y sentirse frustrada por no llegar a ninguna conclusión. Quite de su mente la idea de que debe responder a toda pregunta o a todo insulto. Una vez que leyó su carta piense en que esa es la sentencia inapelable de un juez y cualquier violación destruirá el pacto.

Esta actitud de firmeza generalmente provoca la frustración de la otra persona y puede reaccionar de diferentes maneras. Debe estar preparada para cualquier respuesta. En muchas ocasiones el hombre abusador reacciona negativamente. No olvide que este hombre siempre quiere tener todo bajo control, pero por debajo de esa apariencia de poder es muy dependiente. Debido a eso, sus intentos de confrontar el asunto se toparán con gran resistencia. Incluso al sentirse amenazado y notar la pérdida del poder y la manipulación que ha realizado por tanto tiempo, puede que recurra a comportamientos que usted no conocía.

En caso que la reacción sea negativa e incluya insultos, maltratos, amenazas o violencia, debe seguir los pasos del plan de escape de la situación.

Rechace terminantemente sus artimañas

Una artimaña es el artificio o la astucia para engañar a alguien. Rechazar terminantemente significa que debe hacerlo de forma concluyente. Recuerde que por mucho tiempo usted ha sido manipulada por los artificios usados por el abusador. Es muy posible que ni siquiera le tome en serio lo que está diciendo por que ya en otras oportunidades usted ha intentado detener el abuso. Él usará promesas que planea no cumplir. Le prometerá ir donde un consejero pero no lo cumplirá. Por eso es que usted debe asegurarse de que se sigan todos los pasos. Aun el hombre más agresivo puede ponerse patético cuando se siente amenazado. Es probable que llore, que suplique y haga toda una escena.

Cristina tuvo que llevar a su esposo, en una oportunidad anterior a la confrontación definitiva, a la sala de emergencia del hospital, porque estaba fingiendo un colapso. Algunos comienzan a recordarle todas las ocasiones maravillosas que han compartido en la vida y a reiterar lo mucho que le quieren. No en pocas, sino en muchas ocasiones, las mujeres ceden y reaccionan con compasión y ternura. Que no ocurra lo mismo esta vez. Solo piense si alguna vez las promesas y disculpas realmente han sido verdaderas.

Es posible que también reaccione en forma autodestructiva.

René un hombre cristiano que no acostumbraba a beber comenzó a emborracharse. Su esposa sentía miedo de que él se autodestruyera. Su temor se basaba en que cuando él se dio cuenta de que sus borracheras no influenciaban la decisión que estaba tomando su esposa, amenazó incluso con suicidarse.

No existe manera de predecir cuál va ser la reacción de su compañero, ni se sabe si cumplirá sus amenazas de autodestruirse. Pero aunque él cumpla su objetivo usted no es responsable de su comportamiento. Su responsabilidad es hacer lo correcto sin importar las consecuencias. En muy pocas ocasiones alguien ha intentado seriamente suicidarse, pero acceder a sus peticiones y continuar aceptando el abuso tampoco es garantía de que no vaya a ocurrir una tragedia en la familia. Usted ayudará más exigiendo a su compañero que busque ayuda profesional en vez de ceder y de seguir aceptando el abuso en la familia.

Al confrontarlo, puede ser que su pareja tome la decisión de actuar con mayor violencia y realizar amenazas mucho más serias.

Marta Teresa no quería confrontar a su esposo. Él era un líder religioso conocido, muy querido y respetado en su comunidad, pero en casa era otra historia. Por años había intimidado a su esposa y golpeado inapropiadamente a sus hijos, los que siendo ya mayores, aún le tenían miedo. Este líder quería mantener oculta la realidad de su vida y su esposa se sentía intimidada pues él guardaba una pistola debajo de la cama. Ella sabía que cualquier confrontación podría provocar la violencia.

Si después de la confrontación, su compañero se vuelve violento, tiene que utilizar inmediatamente los otros recursos que están a su alcance. De continuar el comportamiento violento, la confrontación y la promesa de separación son la prueba más dura para un hombre controlador y abusivo. Un hombre así, aunque nunca haya sido violento, puede ponerse agresivo cuando llega a este punto.

Seleccione el momento oportuno para buscar consejo

Después de una confrontación la persona vive momentos de mucha duda. Se pregunta si hizo bien o mal. A veces las palabras o actitudes y promesas de cambio vuelven a impactar el sensible corazón de quien está haciendo un serio esfuerzo por confrontar tan dura situación. En esos momentos vuelve la duda e inunda el temor. Existen momentos en que siente el alivio de haber podido dar un paso que le era imposible en el pasado. En otros momentos le destroza la incertidumbre y le asalta la duda.

Después del careo o cuando ha tenido que huir de la casa por temor, es indispensable recibir consejo. Usted notará la sensación de alivio que experimentará después de recibir la evaluación de su consejero. Una vez tras otra le ayudará a notar que va en la dirección correcta y que las reacciones del abusador, sea de intimidación o con la intención de provocar lástima son normales en el proceso. También recibirá paz al entender con la ayuda del consejero que los sentimientos de dolor, tristeza, confusión o lástima que experimenta son absolutamente lógicos. De la misma manera es el consejero quien le ayudará a corregir los errores que vaya cometiendo en este proceso. No lo olvide, vuelva a su consejero con regularidad.

Tenga sabiduría para planificar su futuro

Uno de los grandes temores de las mujeres maltratadas es la inseguridad económica. Cuando alguien decide confrontar al abusador, sabe que su futuro depende de esa confrontación. Pero debido a que la dependencia emocional, física o económica ata las manos de las personas, es necesario hacer uso de mucha sabiduría para planificar el futuro. Si el hombre decide aceptar el tratamiento que necesita, no es garantía que vaya a cambiar, así que siempre existirá un margen de incertidumbre. Está presente la posibilidad de una separación en el futuro. Si el hombre reacciona violentamente y no desea ser confrontado, la separación es la decisión más apropiada. Por eso la mujer debería estar ya preparada para enfrentar su futuro, y si aún no está preparada debe comenzar inmediatamente a hacerlo.

Los temores son naturales pues cuando alguien decide abandonar una relación se encuentra frente a muchas incertidumbres. Es muy importante que tenga claro hacia dónde va y cómo llegará a la meta. Eso evitará muchos temores innecesarios. Cualquier camino se facilita cuando lo hemos planificado. Es necesario que tenga un plan de acción porque este le proveerá de seguridad tal como un mapa provee de seguridad a quienes van por una carretera. De acuerdo a su situación, a su edad y a su experiencia, es necesario que haga un plan para autosostenerse económicamente si es necesario. El consejero puede ayudarle. Yo no puedo dar indicaciones generales pues cada persona vive un mundo distinto. Mucho depende de la educación que recibió, si ha trabajado alguna vez o no, la cantidad de hijos, los recursos económicos que posee, si tiene o no profesión y la edad en el momento de la crisis. Todos esos son factores determinantes y por eso necesita la ayuda del consejero quien le asesorará y dirá lo que debe hacer para planificar sabiamente su futuro.

Algunas mujeres pueden tener la edad, los recursos, el tiempo y la capacidad para estudiar y pensar en una carrera corta. Otras tendrán que salir a trabajar lo antes posible, a veces sin experiencia y cambiando totalmente su estilo de vida. Pero es mejor un bocado en paz que manjares donde hay violencia. Si está pensando en obtener un título, debe tomar en cuenta sus puntos fuertes, sus puntos débiles, lo que le gusta, lo que le disgusta y lo que le traerá una seguridad económica lo antes posible. Aunque el hombre decida entrar en un proceso de asesoramiento, si usted nunca ha trabajado y ahora las circunstancias lo permiten, esa debe ser una de sus exigencias en su carta de confrontación. Debe comenzar a prepararse para tener un cierto grado de independencia que es saludable en el matrimonio.

A muchas mujeres los planes para el futuro les traen esperanza aun cuando necesiten de mucho tiempo para ponerlos en práctica. Algunas comienzan a cambiar su visión del futuro cuando inician sus estudios. Ese nuevo desafío las despega de su realidad y les brinda una nueva esperanza. Otras al comenzar a trabajar y disponer de cierta cantidad de dinero y romper el miedo de entrar en el mundo laboral, dan un paso maravilloso para la independencia saludable. Cualquier paso sabio para su independencia que le sugiera el consejero, debe tomarlo con esperanza y determinación. Pero planifique todo con mucha investigación. Sea realista y comience a hacer algo que le devuelva la estima propia.

Una advertencia contra la adicción

Una persona es adicta cuando no puede separarse de su pareja pese a la relación destructiva que llevan. Esa relación enfermiza ha creado un hábito o una necesidad.

Pese a que han sido maltratadas, algunas mujeres mantienen un gran vínculo emocional con su compañero. A veces este sigue atrayéndolas o sabe muy bien como manipularlas. Las relaciones con este tipo de hombre pueden ser adictivas. Así como un droga-dicto a pesar de que sabe que está haciendo daño a su cuerpo sigue utilizando drogas, así también una mujer a pesar del daño que reci-be, quiere a veces volver a una relación con un abusador.

Tenga cuidado si a estas alturas del proceso todavía siente fuer-te inclinación a volver con su pareja a pesar de que no existe el cam-bio dramático que necesita. Si no puede vivir sin su cónyuge y se siente cada vez peor por la separación, debe notificarlo a su conseje-ro para que le ayude. Usted necesita ayuda para salir de su adicción. Le repito, usted requiere ayuda. La terapia puede darle la oportuni-dad de alejarse del centro de la tormenta. Aprenderá a realizar nue-vas elecciones y a tomar decisiones que no están basadas en el te-mor sino en el sentido común, con sabiduría, y buscando lo que es mejor para usted.

Para algunas personas es muy difícil romper la dependencia. Lo peor que puede hacer una mujer es volver con su marido en me-dio del proceso. Mientras más abandone su confianza en sí misma y mientras menos crea en sus habilidades para subsistir, más difícil le será aceptar su independencia. Algunas mujeres se convencen de que no pueden vivir sin su cónyuge. Otras, al igual que ocurre con una adicción, logran un cierto tiempo de abstinencia durante el cual rechazan una relación cercana con su marido, pero después de un tiempo, el dolor va disminuyendo lentamente y vuelven a año-rar estar con él. Durante un tiempo de separación algunas mujeres comienzan a olvidar el dolor y recuerdan los tiempos maravillosos y románticos que pasaron juntos y esto les motiva nuevamente a vol-ver. Insisto que si rompe el proceso, usted ha dado pasos hacia atrás.

Vuelva a restaurar la relación conyugal solo si es apropiado

No todo matrimonio donde ha existido violencia es candidato al divorcio. Algunos son candidatos a la restauración, pero solo se restauran los matrimonios en que ambos cónyuges están dispuestos a cambiar y a ser asesorados, generalmente esto ocurre cuando no ha transcurrido mucho tiempo en la relación de violencia.

Poco a poco las personas comienzan a restar importancia a las ofensas y a justificar su deseo de renovar su vínculo con su compañero. La ambivalencia que ocurre después de la separación es muy común, pero es muy traicionera. Al terminar una relación la persona experimenta sensaciones muy parecidas a las que se viven cuando termina la vida de un miembro de la familia. Allí mueren las esperanzas, la sensación de sentirse que va caminando junto a otro individuo. Esa muerte hay que llorarla, y se necesita apoyo, consuelo y amistad, pero no se debe volver a iniciar una nueva relación interpersonal o restaurar la antigua a menos que se reúnan todos los requisitos para hacerlo. Algunas mujeres que sienten el terror de quedarse solas tendrán la tendencia a buscar otro hombre que le llene el vacío y le provea de una puerta de escape a su necesidad. Así como el volver a las drogas no es la solución para quien ha estado haciendo serios esfuerzos para salir de esa dependencia, así tampoco la respuesta para quien sale de una relación conyugal enferma es otro hombre. Primero debe limpiar sus emociones. Seis meses después de abandonar la relación de dependencia sentirá que comienza a ser una persona totalmente diferente. No solo se sentirá diferente, sino que tendrá una nueva perspectiva en la vida, pero sea consciente de que todavía está en el proceso de sanidad, no lo interrumpa.

Volver a unirse es un terrible error a menos que se realice en el momento oportuno. El momento oportuno es simplemente cuando se ha seguido todo el proceso de confrontar el problema con ayuda profesional. Y cuando no solamente usted, sino también el consejero se da cuenta que han existido cambios radicales en el comportamiento del abusador, se podría aconsejar un proceso de reencuentro. Recuerde que es un proceso que requiere de investigación y comprobación. No debe ser algo que ocurre súbitamente. El reencuentro es un proceso de investigación, evaluación, reconquista y comprobación, pero no la vuelta inmediata a la relación conyugal. Sirve para determinar si al final existirá la restauración total bajo las nuevas condiciones de la relación matrimonial. Pero esta no es una decisión que se realiza en un momento, ni una acción que se lleva a cabo en un instante. Una vez más tienen que vivir todo el proceso de acercamiento.

El proceso de regreso debe ser tan largo como sea necesario. El proceso de vuelta es como conocerse por primera vez y tratar de iniciar una relación que pueda conducirles al matrimonio. La única gran diferencia es que ahora no son dos extraños que se juntan para conocerse con planes de unirse, sino dos personas que han conocido sus virtudes y defectos y que ahora tienen que pasar un tiempo de acercamiento y reconocimiento para determinar si están dispuestos a compartir la vida. La restauración matrimonial es un proceso que está sujeto a condiciones. Para ello no solamente el hombre tiene que haber cambiado su comportamiento abusivo y su forma de enfrentar las crisis; no solo tiene que haber aprendido a controlar su violencia, sino que también la mujer tiene que haber aprendido a poner los límites que le impidan aceptar cualquier acción de maltrato.

Westminster: El propósito de Dios para usted

Este título puede sonarle un poco extraño pero me comprenderá dentro de un momento. La declaración de fe de Westminster dice que la meta, el propósito del hombre es glorificar a Dios y disfrutar de su presencia por siempre. Cuando una mujer ha pasado por un proceso doloroso y ha sido ayudada para que comprenda cuál es la razón de su vida, cuál es el propósito por el cual vive y le han ayudado a vivir bajo ese fundamento, va a aprender a rechazar todo aquello que no contribuya al propósito de Dios. Fuimos creados para glorificar a Dios, pero cuidado con pensar que glorificamos solo en un templo. Glorificamos a Dios cuando todo lo que hacemos, lo realizamos obedeciendo a sus planes para nuestra vida. Glorificar a Dios es exaltarlo. Podríamos decir que exaltamos al fabricante de un automóvil cuando utilizamos el vehículo para el propósito que fue construido. Dios no creó al hombre y a la mujer para la violencia y la destrucción, sino para el respeto y el amor. Exaltamos a Dios cuando hacemos y permitimos que hagan lo que es correcto. La Biblia nos enseña que sea que comamos o bebamos o hagamos cualquier otra cosa, debemos hacerlo todo para la gloria de Dios. Debemos buscar la gloria de Dios en nuestras relaciones interpersonales, en nuestra relación conyugal. Dios no es exaltado cuando permito que algo erróneo esté ocurriendo en mi relación conyugal. Dios no es exaltado cuando permito el uso de mi cuerpo para un propósito diferente para el cual Él lo creó. Glorificamos a Dios cuando cumplimos su propósito. El propósito de Dios para el hombre y la mujer es la dignidad, el respeto, el amor, que vivan una relación de aprecio, de cariño. Dios no nos hizo para la violencia y la destrucción, no glorificamos a Dios cuando usamos la violencia ni cuando la permitimos. En vez de convertirnos en «Kamikazes» y de autodestruirnos por el bien de nuestra familia, debemos glorificar a Dios destruyendo la violencia. Si creemos que alcanzaremos algún resultado positivo convirtiéndonos en las víctimas de nuestra propia incapacidad de establecer los límites, por querer salvar nuestra familia permitiendo actos que se salen de los propósitos de Dios, obviamente estamos equivocados. La única forma de salvar nuestro matrimonio para que este sea lo que Dios quiere que sea, es que no permitamos acciones que destruyan la integridad y bienestar de nuestro cónyuge.

Es necesario que tomemos la determinación de cumplir el plan de Dios para nuestra vida, no los planes del hombre. No importa que esté casada o soltera, tiene que decidirse a cumplir el plan de Dios. Bien sea como casada, soltera, viuda o divorciada cumpla el propósito de Dios para su vida y glorifíquele cuidando de su cuerpo, de su mente, de sus emociones, y amándose a sí misma. No con un amor lleno de egolatría o egocentrismo o egoísmo, sino con el mismo amor con que Dios le ama. La Biblia enseña que no podemos amar a nuestro cónyuge si no sabemos amarnos a nosotros mismos. Debemos pues aprender a amarnos a nosotros mismos como Dios quiere que lo hagamos, de la misma forma que Él nos enseñó. Entonces y solo entonces, estaremos en capacidad de amar a nuestro cónyuge a la manera de Dios, tal y como Él nos ama a cada uno de nosotros, y eso significa que debemos tener cuidado de nuestra salud espiritual, emocional y física. Debemos rechazar todo aquello que nos destruya espiritual, física o emocionalmente y aceptar todo aquello que contribuya a nuestra sanidad y a la sanidad de los que nos rodean, si queremos cumplir el propósito de Dios.

Los niños no tienen el poder para subsistir. Ellos deben aprender cómo responder a los embates de la vida. El problema grave es que algunas personas, aun siendo adultos, se sienten abandonados e indefensos.

Espero que estas palabras le provean de conocimiento para llevar a cabo lo que es bueno para el bienestar personal y familiar.

Usted nunca abusará de otra persona ni permitirá que abusen de usted si aprende a amar como Dios nos ama a nosotros. Con ese amor que incluye la misericordia, la gracia y la justicia.

¡Revive el primer amor!

Preserva la llama original del amor en tu matrimonio

Editorial Caribe
EL PLACER DE UNA BUENA LECTURA
www.editorialcaribe.com

CPSIA information can be obtained
at www.ICGtesting.com
Printed in the USA
LVHW092233310323
742946LV00005B/12

9 780881 135459